MAHAMUDRA
OZEAN
DES WAHREN SINNES

Karmapa IX Wangtschug Dordsche

MAHAMUDRA OZEAN DES WAHREN SINNES

Die tiefgründige Unterweisung
über die gleichzeitig entstehende Einheit,
Essenz vom Ozean des Wahren Sinnes,
dessen Wirken Licht verbreitet

DRITTER TEIL
Vertiefung der Praxis

Aus dem Tibetischen von
Henrik Havlat

In Zusammenarbeit mit
Waltraut Sander

THESEUS VERLAG

Übersetzt aus dem Tibetischen
von Henrik Havlat
In Zusammenarbeit mit Waltraut Sander

Herstellung: Druckerei Konstanz GmbH
Printed in Germany
ISBN 3-85936-049-3

GELEITWORT

von Gendün Rinpoche

Verehrung den wahren Dharma-Meistern!

Der zeitlose Buddha-Geist
Ist die Herz-Erkenntnis der gegenwärtigen Buddhas,
Die Quelle zukünftiger Buddhas,
Der Lebensnerv aller Jidam-Gottheiten,
Ist das Herzblut der Dakinis,
Der Wirkungsbereich aller Dharmaschützer,
Die Essenz von Sutras und neuen und alten Tantras,
Ist die meditative Praxis aller Lamas,
Ist der Weg – *Ozean des Wahren Sinnes.*

Die Basis ist Mahamudra.
Der Weg ist die Große Mitte.
Die Frucht ist die Große Vollendung.
Die Einheit von Basis, Weg und Frucht
    ist der König der Dharma-Lehren.

Eines verstanden – alles befreit.
Dieser einzige all-genügende König
Ist Mahamudra – die wahre Natur von allem und jedem.
Ein großer Name mit tiefem Sinn:
Wer ihn morgens versteht, ist morgens erwacht.
Wer ihn abends versteht, ist abends erwacht.

In vier Begriffen ist alles über den Mahamudra-Weg gesagt:
Wahre Natur, Definition, Aspekte und Besonderheiten.
Wer dies praktiziert, wird ohne Schwierigkeit erwachen.
ALALA HO!

Kundreul Ling, 1989

INHALT

VORWORT

«Mahamudra – Ozean des Wahren Sinnes» ist ein Meditations-Manual der Karma-Kagyü-Schule des Tibetischen Buddhismus. Mit diesem dritten Band liegt nunmehr die vollständige Übersetzung dieses Standardwerks der Mahamudra-Meditation vor.

Der dritte Teil, die Vertiefung der Praxis (im Tibetischen heißt dieser Teil *rjes*, wörtlich: «was danach folgt»), befaßt sich mit dem Weiterentwickeln der Praxis, *nachdem* wir die offene Natur des Geistes erkannt haben. Der Autor, Karmapa Wangtschug Dordsche, betont in seinen Schlußbemerkungen, daß es aufgrund der außerordentlichen Klarheit dieses Textes ein leichtes sei, sich ein theoretisches Verständnis anzueignen, daß dies aber auf keinen Fall mit direkter, persönlicher Erfahrung und Erkenntnis verwechselt werden dürfe.

Um echte Erfahrung und Erkenntnis in uns hervorzubringen, müssen wir die Unterweisungen dieses Manuals der Reihe nach in die Praxis umsetzen, ähnlich wie man bei einem Hausbau zuerst das Fundament legt, dann die Mauern hochzieht und schließlich das Dach deckt.

Wir beginnen also mit den *allgemeinen* und *besonderen Vorbereitungen* (*sngon 'dro*), die im *Ersten Teil* gelehrt werden. Diese umfassen die vier Überlegungen, die den Geist von Samsara abwenden – kostbarer Menschenkörper, Tod und Vergänglichkeit, Ursache und Wirkung in bezug auf Handlungen und die Nachteile des Kreislaufs bedingten Daseins – sowie das Zufluchtnehmen, das Entwickeln der erwachten Geisteshaltung, die Meditation des Vajrasattva, die Mandala-Opferung und den Guru Yoga.

Auf der Grundlage dieser Ansammlung von Verdienst und Bewußtsein üben wir uns in Geistesgegenwart, wodurch der Geist etwas gezähmt wird und zur Ruhe kommt (*shi gnas*). Bei großer Empfänglichkeit und Hingabe ist es dann möglich, mit Hilfe des Segens und der Erklärungen eines Meisters die wirkliche Natur des Geistes durch Intuitive Einsicht zu erkennen (*lhag mthong*). Dies ist das Thema des *Zweiten Teils*.

Mit einer einmaligen Erfahrung von Intuitiver Einsicht in die Natur des Geistes ist es aber nicht getan – wir müssen diese Erkenntnis ständig weiter kultivieren, da unsere gewohnheitsbedingte Wahrnehmung diese sogleich wieder überlagert, so daß nur noch eine Erinnerung ohne unmittelbare Erfahrung davon übrigbleibt. Nur indem wir unablässig weiter praktizieren, können wir die Erkenntnis in uns lebendig erhalten und letztendlich vollkommene Buddhaschaft verwirklichen.

Der *Dritte Teil* befaßt sich damit, Mißverständnisse und Irrtümer zu klären, die im Zusammenhang mit meditativer Erfahrung und Erkenntnis entstehen können und zeigt auf, wie diese Hindernisse zu überwinden sind. Weiterhin beschreibt er die inneren Erfahrungen auf dem Weg zur Buddhaschaft anhand der sogenannten zwölf Yogas, d. h. der zwölf Stufen von Mahamudra. Diese werden anschließend mit dem klassischen Mahayana-System der spirituellen Stufen und Wege verglichen. In einer Art Anhang schließlich runden weitere Erklärungen über verschiedene Aspekte von Mahamudra das Bild ab.

Diese Übersetzung ist auf Wunsch von Lama Gendün Rinpoche entstanden. Für die Klärung von Fragen danken wir Beru Khyentse Rinpoche, Bokar Tulku, Khenpo Dönyö, Khenpo Thubten, Khenpo Tenpa Gyaltsen und Lama Taschi Döndrub. Sollten uns bei der Übersetzung Fehler unterlaufen sein, bitten wir die Linienhalter und die Dharmaschützer um Nachsicht.

Ein besonderer Dank geht an den Verleger, der auf Wunsch von Gendün Rinpoche diesen Text veröffentlicht hat. Möge er viele Menschen dazu inspirieren, die tiefgründigen Mahamudra-Lehren in die Praxis umzusetzen.

Quellenhinweis für Erklärungen in den Fußnoten:

DaSer *phyag chen zla ba'i 'od zer* (Mondlicht von Mahamudra), Mahamudra-Kommentar des Dhagpo Tashi Namgyal (1512–1587). Die Seitenzahlen beziehen sich auf den tibetischen Text, herausgegeben von Shamar Mipam Chökyi Lodö.

BöGja *bod rgya tshig mdzod chen mo* (Großes Tibetisch-Chinesisches Wörterbuch), Beijing 1985.

Karmapa IX Wangtschug Dordsche

Mahamudra
Ozean
des Wahren Sinnes

Dritter Teil
VERTIEFUNG DER PRAXIS

Wenn wir durch die Erklärungen eines Lamas die Natur des Geistes persönlich erfahren haben, dann folgt:

Die Praxis weiterentwickeln

*

Hindernisse überwinden

*

Den Weg durchlaufen

*

Die Frucht verwirklichen

DIE PRAXIS WEITERENTWICKELN

Von den zahlreichen Methoden, die Praxis weiterzuentwickeln, (folgt als erstes):

Fünf falsche Vorstellungen beseitigen

Falsche Vorstellung vom Gegenstand beseitigen

L 59

Letztendlich ist es nicht richtig, (an der Vorstellung) festzuhalten, Untugenden wie die drei Geistesgifte seien abzulehnen und Tugenden wie Freigebigkeit seien anzustreben und zu erwerben. In dieser (Mahamudra-)Tradition müssen die fünf Geistesgifte in die Praxis integriert werden. Außerdem existieren in der wirklichen (Erfahrung der) unwandelbaren Natur von Mahamudra überhaupt nicht solche Ideen wie: «Das und das ist abzulehnen, das und das ist zu erlangen». Wer bemüht ist, den tiefgründigen Sinn in die Praxis umzusetzen, muß jegliches Haften an Ablehnen und Erwerben sowie die Vorstellung, es gäbe etwas Konkretes zu verwirklichen, aufgeben, denn es heißt:

> «Was nützt es, den Gottheiten
> Zehntausende von Opferungen darzubringen,
> Wenn ich mich dadurch selbst fessele!»

Wie hier und aus zahllosen anderen Quellen hervorgeht, ist (jede Art von) sehnlichem Verlangen unangebracht. Aber trotz allen Nicht-Haftens dürfen wir (die Gesetzmäßigkeit von) Ursache und Wirkung unserer Handlungen auf keinen Fall mißachten.

Kurz, falsche Vorstellungen vom Gegenstand (*yul*) werden beseitigt, indem man sämtliche dualistischen Gegebenheiten wie Samsara und Nirvana, Tugend und Sünde, Ablehnen und Anstreben im nicht-dualistischen Ursprünglichen Bewußtsein* zum gleichwertigen Geschmack werden läßt.

Falsche Vorstellung von Zeit beseitigen

L 60

Es ist nicht richtig anzunehmen, man werde (den Weg) in (drei) zahllosen (Zeitaltern) durchlaufen, mit der Vorstellung: «Nach Ablauf eines gewissen Zeitraumes werde ich die wahre Erleuchtung erlangen.»

Menschen, die die Essenz von Mahamudra treffen (möchten), müssen die Gleichheit der drei Zeiten erkennen. Vergangenheit, Gegenwart und Zukunft, diese Unterscheidung der drei Zeiten, ist nichts weiter als eine von kindlichen Dummköpfen vorgenommene Benennung, denn die Vergangenheit existiert nicht als Vergangenheit, sie ist vorher Gegenwart und davor Zukunft gewesen, und ebenso verhält es sich mit Gegenwart und Zukunft. Außerdem – unserer Dharma-Tradition gemäß wird Realisation jetzt erlangt, genau auf diesem Sitz. Daher ist es notwendig zu erkennen, daß die drei Zeiten eine Gleichheit sind und nicht getrennt existieren. Ein Yogi, der dies verwirklicht hat, kann ein großes Zeitalter zu einem Augenblick und einen Augenblick zu einem großen Zeitalter segnen. Dies ist wegen der Gleichheit (der drei Zeiten) möglich; wären sie getrennt und verschieden, ginge dies nicht. Es heißt:

* Ursprüngliches Bewußtsein oder kurz Urbewußtsein (*ye shes*): «Seit jeher (*ye nas* im Sinne von ursprünglich und zeitlos) gegenwärtiges Bewußtsein (*shes pa*); Bewußtheit (*rig pa*), strahlend klar und offen, die im Geist aller Lebewesen von Natur aus existiert.» (BöGja)

«Wer die drei Zeiten als zeitlos erkennt . . .»

Indem wir so die wahre unwandelbare Natur (als zeitlos) erkennen, entledigen wir uns der falschen Vorstellung, «Zeit» für eine tatsächliche Realität zu halten und deshalb anzunehmen, nach Ablauf einer gewissen Zeitspanne werde man Buddhaschaft erlangen.

Falsche Vorstellung von der wahren Natur beseitigen

L 61

Andere Traditionen vertreten folgende Ansicht: Wenn wir den gegenwärtig schlechten Geist aufgegeben haben, werden wir anschließend das gute Ursprüngliche Bewußtsein erlangen. Gemäß dieser Dharma-Tradition hingegen ist der Geist die Wurzel aller Phänomene. Man kann ihn daher weder aufgeben noch ist es richtig zu glauben, es gäbe außer dem eigenen Geist noch ein anderes Ursprüngliches Bewußtsein. Denn es ist die unumstößliche Gewißheit des tiefgründigen Vajrayana, daß unserem Geist seit jeher die fünf Facetten des Ursprünglichen Bewußtseins selbst-vervollkommnet innewohnen. *Schang Rinpoche* erklärt:

«Feuer lodert, wenn Holz vorhanden ist.
Der Lotus wächst im Sumpf empor.
Reiche Ernte kommt von gut bewässerten Feldern.
Es gibt kein anderes Ursprüngliches Bewußtsein
außer dem, das hervorkommt, wenn sich
die gestörten Emotionen aufgelöst haben,
(durch das Erkennen ihrer wahren Natur).»

Wir müssen erkennen, daß unser Geist die wahre Natur oder Essenz aller Facetten des Urbewußtseins der Siegreichen (Buddhas) hat:

- das Spiegelgleiche Urbewußtsein manifestiert sich als die unbehinderte Dynamik der klaren, bewußten und offenen Natur des Geistes;
- das Urbewußtsein der Gleichwertigkeit ist der gleiche Geschmack (aller Erscheinungen) in der offenen Natur;
- das Unterscheidende Urbewußtsein ist die Vielfalt der Erscheinungen, die nicht (wirklich) existieren;
- das Allumfassende Urbewußtsein ist die in ihrer unaussprechlichen So-heit ungeteilte Ursphäre aller unter Samsara und Nirvana zusammengefaßten Phänomene;
- das Urbewußtsein der Allvollendenden Aktivität ist die (spontane) Erfüllung aller beabsichtigten Ziele durch das Verstehen (der Natur) des Geistes und dadurch der Natur aller Phänomene.

Mit dieser Methode wird unreines (dualistisches) Haften entwurzelt, und alle falschen Vorstellungen über die wahre Natur (*ngo bo*) werden beseitigt.

Falsche Vorstellung von der Eigenheit beseitigen

L 62

Die (fünf) Skandhas, die (fünf) Grundelemente und die (zwölf) Elemente der Wahrnehmung (*phung khams skyes mched*) der Lebewesen, sie alle haben seit Anbeginn die Eigenheit (*rang bzhin*) von männlichen und weiblichen Buddhas und von Gottheiten. Wie es in sämtlichen Sutras und Tantras heißt, sind diese (Elemente) selbst Buddha-Geist.

Wenn wir dagegen annehmen, es gäbe außerhalb des Geistes noch einen anderen, übergeordneten Buddha-Geist zu erlangen und denken: «Es ist unmöglich, daß der überaus reine Buddha-Geist sich im Bewußtseinsstrom von unreinen Lebewesen befindet, das ist nichts weiter als Schönfärberei und eine

Verdrehung der Vajraworte des esoterischen Mantrayana», dann haben wir den Sinn der unwandelbaren Natur verfälscht, und dies ist nicht zulässig. Denn es wäre höchst abwegig, die Lehre der Sugatas, die wahrem, glückbringendem Nektar oder einem wunscherfüllenden Juwel gleicht, auf Grund falscher Vorstellungen als angst- und schreckeinflößendes Gift oder gefährlichen Abgrund wahrzunehmen. Ein solches Verhalten gliche dem eines Bettlers, der nicht ahnt, daß er einen Schatz zu Hause hat, oder dem eines *Gye* (Lebewesen mit einem Juwel auf dem Kopf), der nicht bemerkt, daß er einen Edelstein bei sich trägt, und anderswo danach sucht.

Da es eine unverfälschte esoterische Gewißheit ist, daß sämtliche Buddha-Qualitäten, wie die vierundsechzig Qualitäten der Trennung (von Unreinheiten) und der Reife (von Qualitäten) des Buddha, selbst-vervollkommnet in unserem Vajra-Körper und Geist vorhanden sind, sollten wir Buddhaschaft nirgendwo anders suchen als im Geist. Es heißt:

«Außerhalb des juwelengleichen Geistes
Gibt es weder Buddhas noch (gewöhnliche) Lebewesen.»

Sambuti-Tantra:

«Buddhaschaft ist im eigenen Körper.
Nirgendwo anders existiert Buddhaschaft.
Diejenigen, die umhüllt sind
vom Dunkel der Unwissenheit, meinen,
Buddha sei irgendwo außerhalb des Körpers.»

«Nirgendwo in der äußeren Welt
Wirst du Buddhaschaft finden.
Der Geist ist der perfekte Buddha!»

Daka Yesche:

«Wenn du den Geist verstehst, bist du Buddha.
Deshalb mußt du die Einstellung gründlich kultivieren,
Buddha nicht anderswo zu suchen».

Diese und ähnliche Aussagen sind unzählige Male wiederholt worden. Der Unterschied zwischen Buddhas und (gewöhnlichen) Lebewesen ist nicht etwa, daß die einen gut und die anderen schlecht wären, sondern lediglich, daß die ersteren den Geist verstanden haben und die letzteren nicht.

Falsche Vorstellung von Intelligenz beseitigen

L 63

Die letztendliche, absolute Natur des Geistes werden wir (mit Hilfe folgender Kräfte) verstehen: zum einen durch die Kraft der Meditation, indem wir die (persönliche Erfahrung des) all-und-selbst-gewahren Ursprünglichen Bewußtseins* zum Mittelpunkt unserer Praxis machen, bzw. durch die Kraft der Übung, indem wir die Kernunterweisungen mit dem Segen wirklicher Meister praktizieren, sowie durch die Kraft der höheren Gesinnung**, ausgestattet mit Ausdauer und vertrauensvoller Hingabe.

Dagegen können wir diesen Sinn nicht verstehen, indem wir gute Lehrer und Theoretiker werden und lediglich (die Dharma-Lehre) studieren, darüber nachdenken, sie eifrig analysieren und mit großer Intelligenz (*shes rab*) talentvoll erklären. *Gandavyuha-Sutra:*

> «Die wirkliche Lehre der Buddhas
> Ist nicht einfach mit Studieren zu erfüllen.
> Wer die Dharma-Lehre nicht praktiziert,

* Tib. *so so rang rig pa'i ye shes;* das Ursprüngliche Bewußtsein, welches seine eigene unveränderliche, wahre Natur und die Natur aller Gegebenheiten erkennt (Khenpo Thubten).

** Die Kraft der höheren Gesinnung (*lhag pa'i bsam pa'i stobs*) besteht darin, «sich selbst nicht so wichtig zu nehmen, sondern darauf bedacht zu sein, anderen zu nutzen» (BöGja).

Gleicht jemandem, der verdurstet,
Während er machtlos in einem Fluß mitgerissen wird.
Wer die Dharma-Lehre nicht praktiziert,
gleicht jemandem,
Der die Wegkreuzung, von der alle sagen,
Daß sie außergewöhnlich sei, selbst nie erreicht.»

Schang Rinpoche:

«Die Erkenntnis des Ursprünglichen Bewußtseins
Erfahren wir nicht, indem wir sie sehnlich herbeiwünschen.
Sie kommt nicht von geschicktem Analysieren,
Durch ausgedehnte Studien verstehen wir sie nicht:
Sie liegt nicht im Erfahrungsbereich von Theoretikern . . .

Die spontane Erkenntnis des Urbewußtseins erfahren wir
Weder durch Streben noch durch Faulheit,
Weder durch Geschick noch Ungeschick im Analysieren,
Weder durch große noch durch geringe Studien,
Weder mit Intelligenz noch mit Dummheit,
Weder durch gute noch schlechte meditative Erfahrungen,
Weder durch starke noch durch schwache Anstrengungen.
Durch gar nichts können wir sie erfahren,
Nur mit Hilfe eines Meisters,
Durch seine geschickten Mittel zur rechten Zeit,
Und aus eigenem Verdienst ist sie zu verstehen.
‹Mit Hilfe eines Meisters, durch seine geschickten Mittel
zur rechten Zeit› bedeutet:
Wir erfahren sie durch die Segenskraft
Eines realisierten Lamas, den wir erfreuen.
‹Aus eigenem Verdienst› bedeutet:
Diejenigen erfahren sie,
Die sich (in früheren Leben) darin geübt haben.
Da die Erkenntnis des Ursprünglichen Bewußtseins
Auf dem Weg des Segens vermittelt wird,
Liegt sie im Erfahrungsbereich der Vertrauenden,
Sind es die Hingebungsvollen, die sie erfahren,

Sind es die Geübten, die sie verstehen.
Ausdauer ist ihrer aller Freund.
Die Begünstigten mit höchsten Fähigkeiten erkennen sie,
Während Wort-Experten sie mit dem Verstand
nicht fassen können.
Derartig befähigte Menschen
Erfahren die Erkenntnis der Nicht-Zweiheit:
Durch den Segen eines wahren Meisters
Entfaltet sich der Dharmakaya vom Grunde der
Erkenntnis
Scheint aus dem Grunde des Geistes Nicht-Zweiheit
hervor
Scheint mitten aus gestörten Gefühlen heraus
das Ursprüngliche Bewußtsein,
Scheint Erkenntnis mitten aus meditativen Erfahrungen.»

Sutras, Tantras sowie die Lehren der Kagyüpas belegen dies.

Wird in diesem Dritten Teil wie gewohnt vorgegangen und eine Lektion für jede der fünf zu beseitigenden falschen Vorstellungen verwendet, dann war dies die 63. Lektion. Soll verkürzt werden, können auch alle fünf zusammen in einer Lektion erklärt werden.*

Drei Arten von Geschick erlernen

L 64

Zuerst die Meditation geschickt beginnen

Die wesentlichen Punkte der Körperhaltung sind fehlerlos einzunehmen, so wie sie zuvor erklärt wurden, und entsprechend den vorherigen Anweisungen wird der Geist so belassen, wie er ist: wenn er aktiv ist, betrachten wir die wahre Natur davon;

* Kleingedruckte Erklärungen am Ende von Lektionen sind vom Autor.

ruht er, so betrachten wir die wahre Natur davon. Dazu aus den mündlichen Unterweisungen:

«Yogi, lasse dein Bewußtsein so locker,
Wie der Brahmane seine Schnur spinnt!*
Lasse es unabgelenkt, in Klarheit,
Frei von begrifflichem Denken,
Wie eine Flamme unbewegt von Luftzug!
Halte den Geist, der zu Objekten wandert, nicht fest,
Wie Raben, die (man) von einem Schiff davonfliegen
(läßt)!
Lasse alles, was erscheint, in Mahamudra (aufgehen),
Wie Flammenzungen, die sich im Wald ausbreiten!
Lasse die Welt der Erscheinungen in Mahamudra,
Wie Sterne, die sich in einem See spiegeln!
Yogi, lasse dein Bewußtsein gehen, wohin es will,
Wie ein erfahrener Hirte seine Ochsen!**
Lasse den Geist stets im Dharmakaya,
Wie den immerwährenden Strom eines Wasserfalls!
Dem Yogi dienen die Sinnesfreuden,
Wie Bewässerung den Feldern dient!»

In dieser Weise lassen wir den Verstand unzerstreut, ohne Bezugspunkt, in seiner ungeschaffenen, unberührten, gelösten, natürlichen Weite. Dies ist die Art, wie wir am geschicktesten die Meditation beginnen.

Zwischendurch die Meditation geschickt unterbrechen

Wenn wir so praktizieren, sollten wir nicht die Länge (der Sitzungen) zu unserem Hauptanliegen machen, sondern mit der tiefen Meditation und der Körperhaltung (immer wieder) pausieren. Wir sollten in Klarheit, für kurze Zeitspannen, aber

* d. h. nicht zu fest und nicht zu locker (DaSer 525).

** d. h. ohne ihre Bewegungsfreiheit einzuschränken und ohne ihnen hinterherzulaufen, verliert er sie jedoch nie aus den Augen (DaSer 529).

häufig praktizieren und ohne uns entmutigen zu lassen mit Freude und kristallklarer Transparenz die Meditation gewissenhaft fortführen.

Schließlich geschickt mit Erfahrungen umgehen

Indem wir nicht fasziniert an meditativen Erfahrungen haften – seien es Glück, Klarheit oder Nicht-Denken – und uns nicht im geringsten darauf einlassen, gute, schlechte und neutrale Gedanken zu beseitigen, bringen wir meditative Erfahrungen durch die Kraft von Erkenntnis hervor. Um «durch Erkenntnis meditative Erfahrungen zu erlangen», muß man frei von Haften an Erfahrungen sein. Um andererseits nicht «wegen der meditativen Erfahrungen die Erkenntnis zu verlieren», muß man Erfahrungen geschickt handhaben, indem man nicht daran haftet.

* * *

Der Unterschied zwischen Erfahrung (*nyams*) und Erkenntnis (*rtogs pa*)

Erfahrungen sind unstabil, weil sie nicht über den Verstand hinausgehen. Sie sind wie die Sonne zwischen den Wolken: Manchmal treten alle drei Erfahrungen von Glück, Klarheit und Nicht-Denken gleichzeitig auf, mitunter ist eine davon vorherrschend, dann wieder erscheint keine von ihnen. Wenn wir in unserer Praxis nicht an Erfahrungen haften, klären sich die Unreinheiten des Verstandes und wir erfahren die Erkenntnis, die von Anbeginn vorhanden war.

Ferner, wenn wir Subjekt und Objekt als getrennt wahrnehmen, ist es Erfahrung; wenn Objekte nicht (als getrennt) erscheinen, ist es Erkenntnis.

Wenn der Geist (dualistisch) wahrnimmt, ist es Erfahrung; wenn der Geist selbst in seiner wahren Natur erscheint, ist es Erkenntnis.

Wenn ein (definierbarer) Sinn wahrgenommen wird, ist es Erfahrung; wenn (der Geist) sein eigenes Wesen wirklich versteht und somit den wahren Sinn erkennt, ist es Erkenntnis.

Wenn es unseren Geist als Meditierenden und die Meditation über Glück, Klarheit, Nicht-Denken und Leerheit als Objekte der Meditation oder Erfahrung gibt, ist es Erfahrung; wenn wir wirklich erkennen, daß der Meditierende und die Meditation nicht zwei getrennte Gegebenheiten sind, und dies nicht nur fabriziertes, theoretisches Wissen ist, so ist dies Erkenntnis.

Man kann wahlweise die Lektion hier beenden oder weitergehen.

Drei Erfahrungen

Es gibt drei Arten meditativer Erfahrungen: Glücksgefühl (*bde ba*), Klarheit (*gsal ba*) und Nicht-Denken (*mi rtog pa*).

Das körperliche Glücksgefühl ist anfangs mit gestörten Gefühlen vermischt, später ist der ganze Körper von Glücksgefühl erfüllt, das frei von gestörten Gefühlen ist, und schließlich kommt ein vollkommenes Glücksgefühl, egal ob man Hitze oder Kälte ausgesetzt ist.

Geistiges Glücksgefühl bedeutet Freude, Zufriedenheit, frei zu sein von jeglichem mentalen Schmerz, eine äußerst klare, reine Freude im Bewußtsein, eine reine, ungreifbare Freude. Man denkt: «Ich habe überhaupt keine gestörten Gefühle mehr, jetzt bin ich heilig» (*'phags pa*), lacht ohne Grund, und viele wilde Gedanken erheben sich, wie «durch den Segen des Lamas gibt es keinen glücklicheren Menschen als mich, ich gebe alle (weltlichen) Aktivitäten auf, sie sind völlig nutzlos; Dharma ist das einzige, was es zu tun gibt»; man hat Lust, zu tanzen und sinnlose Laute von sich zu geben. Manchmal hat man überhaupt keine Lust, zu meditieren oder irgend etwas zu tun, und denkt: «Ich kann überhaupt nicht meditieren.» Man fühlt sich so verloren, daß alles sinnlos zu sein scheint, und denkt: «Die gestörten Gefühle sind anscheinend noch stärker geworden; der Geist ist entweder wild oder schläfrig, sonst nichts; am liebsten möchte ich an gar nichts mehr denken; jetzt kann ich nicht einmal mehr meditieren.»

Die Erfahrung von Klarheit: Als Zeichen, daß der Geist ein wenig unter Kontrolle ist, erscheinen im Klarheitsaspekt der fünf Sinnestore folgende Erfahrungen: im visuellen Feld Erscheinungen wie Rauch, Feuerfunken, Trugbilder, wie eine (Kerzen-)Flamme, wie Mondlicht, Sonnenlicht, Feuerlicht oder Lichtpunkte und Lichtkreise, sowie Regenbogen usw. Ferner kommt es vor, daß man auch mit geschlossenen Augen sehen kann oder verschiedene Wesen, Formen, Töne, Gerüche, Geschmacks- und Körperempfindungen wahrnimmt.

Auch wenn im Klarheitsaspekt des Verstandes alle möglichen Gedanken des Ablehnens und Entgegenwirkens aufsteigen und die Bewußtheit äußerst aktiv ist, ist man sich bewußt, daß all dies im Einklang mit dem (Gesetz des) bedingten Entstehens (*rten 'brel*) geschieht. Das Bewußtsein ist transparent und strahlend klar, ohne Schläfrigkeit und Dumpfheit, und man denkt: «Ich verstehe alle Phänomene», und ähnliches mehr.

Die Erfahrung von Nicht-Denken: Zuerst wird der Geist unter Kontrolle gebracht, indem man ihn auf irgendein Objekt richtet; daraufhin hören die groben begrifflichen Gedanken auf, und der Geist verweilt, wohin man ihn wendet; schließlich kommt ein Gefühl, daß sämtliche begrifflichen Vorstellungen ruhen.

Wenn aufgrund dieser Erfahrungen faszinierte Verhaftung und Stolz entstehen, «geht wegen der Erfahrungen die Erkenntnis verloren». Deshalb muß man Verlangen danach und Verhaftung daran aufgeben. Es heißt:

> «Auf einer Sommerwiese wächst alles mögliche,
> In der Erfahrung eines Yogi erscheint alles mögliche.»

Da Erfahrungen unberechenbar sind, ist es sinnlos, daran zu haften, deshalb heißt es:

«Du mußt genau das loslassen, woran du haftest.»

Wir müssen somit Verlangen, Faszination, Stolz und Überbewertung in bezug auf Erfahrungen aufgeben.

Während (dieser Erfahrungen) gilt es, im selben Augenblick (ihres Erscheinens) die Natur der vier Buddha-Körper zu erkennen:
Dharmakaya ist die ursprungslose Natur des Geistes; Sambhokakaya ist ihr Nicht-Verweilen; Nirmanakaya ist die Vielfalt der Erscheinungen, die ohne Beginnen und Aufhören sind; Swabhawikakaya ist die Untrennbarkeit der drei.

Anders ausgedrückt: Die Dynamik des Geistes (in Form) der ungehinderten Erscheinungen ist der Nirmanakaya, Bewußtheit und Klarheit ist der Sambhogakaya, Offenheit ist der Swabhawikakaya und ihre Untrennbarkeit ist der Dharmakaya.

Kurz, alle Phänomene in der Erscheinungswelt von Samsara und Nirvana sind vollständig in den fünf Buddha-Körpern* enthalten, bzw. im Dharmakaya, der in sich Sambhogakaya, Nirmanakaya und Swabhawikakaya vereint.

«Weil er der Körper aller Phänomene ist,
Weil seine höchsten Qualitäten unvorstellbar sind,
Und weil er die wahre Natur von Bewußtheit ist,
Ist er der Dharmakaya der Schützer.»

Daher sollten wir unsere Zweifel darüber beseitigen, daß (Erfahrungen) die Natur des «Dharmakaya mit den zwei Reinheiten»** besitzen. Ferner sollten wir uns endgültig darüber

* Fünf Buddha-Körper (*sku lnga*): Um die Buddha-Qualitäten zu beschreiben, ist in verschiedenen Texten von drei bzw. vier oder fünf Buddha-Körpern die Rede, die in Essenz jedoch alle eins sind; als fünfter wird manchmal noch der unveränderliche Vajrakaya genannt.

** Zwei Reinheiten (*dag pa gnyis ldan*): «das Freisein von den beiden Schleiern, dem emotionellen Schleier (der Befreiung verhindert) und dem intellektuellen Schleier (der Allwissenheit verhindert)» (BöGja).

klar werden, daß alle Phänomene von Natur aus ohne Beginnen, Enden und Verweilen sind, daß sie nicht im geringsten wirklich existieren und frei von allen begrifflichen Begrenzungen wie Existenz und Nichtexistenz sind.

Wir müssen alle Erwartungen und Befürchtungen aufgeben, die Hoffnung, Buddhaschaft zu erreichen und außergewöhnliche Erfahrungen und Erkenntnisse hervorzubringen, ebenso wie die Furcht, im Samsara umherzuirren und keinerlei Erfahrungen und Erkenntnisse im eigenen Geist zu entwickeln.

Bei verkürztem Vorgehen kann man die «Beseitigung der fünf falschen Vorstellungen» und die «Drei Arten von Geschick» zu je einer Lektion zusammenfassen.

Die Praxis weiterentwickeln durch Klären
von Mißverständnissen und Irrtümern:

Vier Mißverständnisse klären

Offenheit als Wissensstoff mißverstehen
Offenheit als Abstempelung mißverstehen
Offenheit als Gegenmittel mißverstehen
Offenheit als Weg mißverstehen

Offenheit als Wissensstoff mißverstehen

L 65

Jemand, der sich ausgiebig dem Studium der Schriften und der logischen Analyse gewidmet hat, wie z. B. der «logischen Folgerung, daß Eins und Viele nicht existieren»*, meditiert darüber, daß alle Phänomene leer im Sinne von nicht-existierend sind und glaubt, dies sei es, worauf sich die Begriffe «das Absolute», «Mahamudra» und «die unwandelbare Natur der Dinge» beziehen.

Erhält er dann von einem Lama mündliche Kernunterweisungen zum Meditieren, sagt er sich: «Das ist doch nicht verschieden von dem, was ich bereits verstanden hatte»; er verliert sich in (nihilistischem), in Widerspruch zum Dharma stehendem Gerede, daß es weder gute noch schlechte Handlungen gibt und wird völlig gleichgültig. Er begnügt sich mit intellektuellen Formulierungen, wie: «Alle Phänomene sind

* Tib. *gcig du bral gyi rigs pa:* logische Folgerung, daß *ein* kleinstes, unteilbares Teilchen nicht existieren kann und deshalb auch nichts, was aus *vielen* solcher Teilchen zusammengesetzt ist.

Dharmakaya, außer Leerheit existiert gar nichts, was gibt es da zu meditieren.» Aufgrund seiner vorherigen (theoretischen Studien von) Schriften und Logik entfernt sich sein Geist immer weiter weg von direkter meditativer Erfahrung. Dies wird «Offenheit als (theoretischen) Wissensstoff mißverstehen» genannt.

Wie kommt es dazu, daß Offenheit als Wissensstoff mißverstanden wird? Nun, bei logischen Folgerungen, wie der, daß Eins und Viele nicht existieren, ist die Hauptaussage eine intellektuell nachvollziehbare, theoretische Offenheit. Offenheit ist zwar von Anfang an gegeben –, das gedankliche Fixieren auf ihre Existenz jedoch beinhaltet den Makel der intellektuellen Fabrikation; dies entspricht nicht dem wahren Weg und darf nicht mißverstanden werden.

Wenn wir Offenheit als Wissensstoff mißverstehen, besteht der (auf theoretisches Verständnis bezogene) «ursprüngliche Fehler» darin, Offenheit mit «Nicht-Sein» oder «Nicht-Existenz» gleichzusetzen, während der (auf die Praxis bezogene) «unmittelbare Fehler» trockenes Theoretisieren über eine abstrakte Offenheit ist.

Diese beiden Fehler werden beseitigt durch ein korrektes Verständnis (des Gesetzes) vom unbehinderten Entstehen in gegenseitiger Abhängigkeit (*rten 'brel*), welches auf der relativen Ebene (der Erscheinungen) wirksam ist, und durch ernsthafte Bemühungen zu praktizieren.

Offenheit als Abstempelung mißverstehen

L 66

(Wer Offenheit als begriffliche Abstempelung mißversteht, begeht folgenden Fehler:)
Er führt zunächst mit Körper und Rede die verschiedensten bedingten, positiven Handlungen aus und denkt sich: «Indem

ich nun über die ungegenständliche, subtile Offenheit meditiere, gehe ich in jene Dimension über, wo die drei Bestandteile von Handlungen (Subjekt, Objekt und Interaktion) vollkommen rein sind.» Indem er Schriftwissen und Logik als Gegenmittel für das Haften an der Realität von positiven Handlungen benutzt, kommt er durch analytisches Vorgehen zu dem Schluß, daß diese nicht wirklich existieren.

Oder er meditiert über eine einseitige Idee von Offenheit (im Sinne von Nicht-Existenz), indem er Substanz, die er für nicht leer hält, durch Mantras wie *Om shunyata*... und *Om swabhawa*... «nicht-existierend» macht und daraufhin meditiert, daß diese nun leer geworden ist. Oder er macht mit Hilfe der «Einsicht der vollständigen Reinheit der drei Bestandteile von Handlungen» Substanz «nicht-existierend», indem er sie zuerst als real betrachtet und sie danach als leer, als ihrem Wesen nach nicht-existierend, bezeichnet. Nachdem er die Erscheinungen so als leer abgestempelt hat, praktiziert er die Entwicklungsphase (*bsked rim*), um diese anschließend wiederum als leer zu bezeichnen, indem er denkt, sie sei nun leer geworden. All diese (falschen) Arten zu meditieren werden «Offenheit als begriffliche Abstempelung mißverstehen» genannt.

Erscheinungen braucht man nicht gewaltsam von der Offenheit zu trennen und auch nicht zu negieren – sind sie schon offen, im selben Augenblick ihres Erscheinens. Deshalb verwendet man die Bezeichnung «Untrennbarkeit von Erscheinungen und Offenheit, eine Einheit ohne Eigennatur».

Wenn wir Offenheit als Abstempelung mißverstehen, besteht der ursprüngliche Fehler darin, verdienstvolle Handlungen für real zu halten und ihnen daraufhin den Stempel der nicht-objektivierbaren Offenheit aufzudrücken. Der unmittelbare Fehler liegt im dilettantischen Abstempeln, einem der persönlichen Erfahrung entbehrenden Wunschdenken. Einfältige Gemüter schließlich benutzen den (Begriff) Dharmakaya, um ihn dem Geist und den Erscheinungen wie einen Flicken aufzusetzen.

Diese drei (Fehler) werden beseitigt, indem man das Wesen des Gegenmittels betrachtet, eine Praxis entwickelt, die auf Entsagung beruht (dem Wunsch, sich aus dem Kreislauf zu befreien), und indem man das «normale Bewußtsein»*, die wahre Natur des Geistes, bewahrt.

Offenheit als Gegenmittel mißverstehen

L 67

(Wer Offenheit als Gegenmittel mißversteht, macht folgenden Fehler:)
Wenn schlechte Gedanken wie die drei Geistesgifte auftauchen, befürchtet er: «Diese (Gedanken) sind unrein, sie bringen mich um die Befreiung – ich werde sie mit Offenheit bezwingen»; nachdem er so intellektuell eine Trennung zwischen Emotion und Offenheit vorgenommen hat, meditiert er darüber, daß die Emotionen nicht existieren. Oder wenn er von einem Lama Kernunterweisungen erhalten hat, überlegt er sich: «Wenn ich die Offenheit ein klein wenig verstanden habe, verwende ich sie als Gegenmittel, um mich der gestörten Emotionen und Gedanken zu entledigen; danach werde ich das Absolute, das höchste Ziel wie der Buddha erreichen.» Dieses Vorgehen, Nicht-Denken als Gegenmittel für Gedanken zu praktizieren, wird «Offenheit als Gegenmittel mißverstehen» genannt.

* «Normales Bewußtsein» (*tha mal shes pa*): «normal im Sinne von natürlich: das von Natur aus strahlend klare, durch nichts veränderte oder entartete Bewußtsein, so wie es in seinem natürlichen Zustand ist ... Wenn es erkannt wird, ist es gleichbedeutend mit dem selbst-gewahren Urbewußtsein, Bewußtheit, wahrer Natur, gleichzeitig entstehendem Urbewußtsein, unveränderlicher Natur, Einfachheit, frei von Begriffen und Luminosität ...» (DaSer 463, 466).

Wir sollten gestörte Emotionen und Gedanken nicht ablehnen und Buddhaschaft woanders suchen, sondern bei allem, was (im Geist) auftaucht, ungekünstelt bleiben und keinen Unterschied zwischen Höchstem und Niedrigem, zwischen Geschädigtem und Schädlichem machen.

Wenn man Offenheit als Gegenmittel mißversteht, dann besteht der ursprüngliche Fehler darin, mit Offenheit auf der einen Seite, davon getrennte Emotionen auf der anderen Seite bezwingen zu wollen; der unmittelbare Fehler besteht darin, die Meditation über Offenheit als Gegenmittel für Gedanken zu benutzen, als sei sie ein Fanghaken. Diese beiden (Fehler) werden beseitigt, indem wir das Wesen dessen anschauen, was wir ablehnen und alles, was (im Geist) auftaucht, anstrengungslos betrachten.

Offenheit als Weg mißverstehen

L 68

(Wer Offenheit als Weg mißversteht, begeht folgenden Fehler:) Er möchte den ganzen Weg nur mittels des Offenheitsaspektes verstehen und läßt dabei den Methodenaspekt außer acht. Obwohl Weg und Frucht in der Offenheit nicht zwei (getrennte Gegebenheiten) sind, denkt er: «Indem ich jetzt die Meditation über Offenheit als Weg nehme, werde ich später die Frucht der Buddhaschaft mit den drei Buddha-Körpern und fünf Facetten des Urbewußtseins erlangen.» Er glaubt: «Durch meine Meditation über Offenheit werde ich als Frucht die zehn Bodhisattva-Stufen, die fünf Wege und die vier Yogas (Stufen von Mahamudra) erlangen.» Dieser Fehler wird «Offenheit als Weg mißverstehen» genannt und ist zu vermeiden.

Statt dessen sollten wir in der Weite der großen Gleichheit verweilen, ohne Buddhaschaft als etwas Neues zu suchen, denn wenn wir den eigenen Geist verstehen, ist dieser selbst Dharmakaya, und darin sind von Anbeginn alle Phänomene als die vier Buddha-Körper und fünf Facetten des Urbewußtseins selbst-vervollkommnet enthalten.

Wenn wir Offenheit als Weg mißverstehen, dann liegt der ursprüngliche Fehler darin anzunehmen, wir könnten (später) den Dharmakaya erlangen, indem wir zuerst über Offenheit meditieren; der unmittelbare Fehler besteht darin, in der Meditation intellektuelle Phantasiebilder zu fabrizieren, anstatt alles, was (im Geist) erscheint, für die Praxis zu nutzen. Diese beiden (Fehler) werden beseitigt, indem wir uns der Gleichheit von Samsara und Nirvana bewußt werden und aufhören, Wunschdenken zu hegen.

Wir sollten somit im großen Glück der selbst-vervollkommneten Gleichheit verweilen, ohne Offenheit als Wissensstoff, als Abstempelung, als Gegenmittel oder als Weg mißzuverstehen.

Fragt man sich nun, ob es unter allen Umständen unangemessen sei, eine Meditation über Offenheit zu fabrizieren – wie es bei diesen vier Fehlern der Fall ist –, so lautet die Antwort: nein. Wenn nämlich Anfänger nicht über die intellektuelle Formulierung meditieren, daß «alle Phänomene in ihrem Wesen offen und friedlich sind», dann werden diese unreifen Menschen so überaus abgeschreckt von (der Idee) der Offenheit, daß sie sich nicht darauf einlassen werden. Deshalb ist es kein Widerspruch, wenn sie sich in ihrer Meditation anhand verschiedener Hilfsmittel wie Texte und Logik allmählich daran annähern. Um sich damit vertraut zu machen, ist es ebenfalls zulässig, (Offenheit zunächst) als Gegenmittel für Karma und gestörte Emotionen zu praktizieren, sie als Weg zu benutzen sowie als Abstempelung, um über konkret (erscheinende) Dinge als nicht konkret zu meditieren; letztendlich jedoch muß darauf verzichtet werden.

Somit ist die Art und Weise zu meditieren für Anfänger und höchst befähigte Praktizierende anfangs nicht vergleichbar –

ähnlich wie die Nahrungsmittel eines erwachsenen Menschen für Kleinkinder nicht geeignet sind. Kurz, es ist ausgesprochen wichtig, daß jeder einzelne seinen geistigen Fähigkeiten entsprechend praktiziert. Wenn schließlich die Sichtweise der unwandelbaren Natur unverfälscht offenbar wird, ohne daß wir uns in den vier Mißverständnissen verlieren, dann wird sich unsere Praxis vertiefen.

Das Weiterentwickeln der Praxis durch das Klären der vier Mißverständnisse in bezug auf die Sichtweise führt zur Vertiefung der Intuitiven Einsicht. Bei ausführlichem Vorgehen ist für jedes der vier Mißverständnisse eine Lektion vorgesehen, was zu Lektion 68 führt. Bei verkürztem Vorgehen können die vier Mißverständnisse auch zu einer (Lektion) zusammengefaßt werden.

Die Praxis weiterentwickeln, indem wir

Irrtümer in der Meditation vermeiden

L 69

1. Wenn von den drei Erfahrungen – Glücksgefühl, Klarheit und Nicht-Denken – das Glücksgefühl überwiegt, dann untersuche mit Intelligenz (*shes rab*) dieses Glücksgefühl ganz allgemein, ohne zwischen unreinem und reinem Glück zu unterscheiden.

2. Wenn wir in der Meditation an diesem (Glücksgefühl) als real haften, verirren wir uns im Reich der Sinnlichkeit (*'dod khams*), weil wir in dem sehnsüchtigen Verlangen (nach dieser Erfahrung) gefangen sind. Doch selbst wenn man sich aus Anhaftung dorthin verirrt, wird man nicht in den zehn niedrigen des insgesamt zwanzig Daseinsformen umfassenden Reiches der Sinnlichkeit wiedergeboren.

3. Ensprechend verirren wir uns in den siebzehn Daseinsebenen des Reichs der subtilen Form (*gzugs khams*), wenn wir einzig an der Erfahrung von Klarheit verhaftet sind.

4. Durch Haften an der Erfahrung von Nicht-Denken verirren wir uns in die formlosen Reiche (*gzugs med khams*) der vier «Einseitigen Wahrnehmungen» (*skye mched mu bzhi*). Dies bedeutet im einzelnen (Punkte 5–8):

5. «Phänomene besitzen keinerlei Eigenschaften wie Farbe und Form, oder Begrenzung und Mitte, sie sind wie der Himmelsraum.» Wenn du aufgrund dieser Aussage mittels unterscheidender Intelligenz analysiert hast, daß alle Dinge wie der Himmelsraum sind und daraufhin an der Realität (dieser Vorstellung) haftest, verirrst du dich in der «Einseitigen Wahrnehmung von endlosem Himmelsraum».

6. Der Buddha sprach: «Hört zu Bodhisattvas, alle drei Daseinsbereiche sind nur (im) Geist.» Wenn du nun denkst, alle Dinge seien lediglich Bewußtsein oder Geist und ausschließlich daran als einziger Wahrheit haftest, wirst du im (formlosen Reich) der «Einseitigen Wahrnehmung von endlosem Bewußtsein» wiedergeboren.

7. Gleichermaßen, wer an der Vorstellung haftet, es existiere überhaupt nichts, verirrt sich im formlosen Reich der «Einseitigen Wahrnehmung des völligen Nichts».

8. Wer glaubt, es gäbe weder Existenz noch Nicht-Existenz und daran als höchster (Erkenntnis) haftet, wird im (formlosen Reich der Einseitigen Wahrnehmung) «Weder Wahrnehmung noch Nicht-Wahrnehmung» wiedergeboren.

9. Ganz gleich, ob eine der drei Erfahrungen von Glücksgefühl, Klarheit oder Nicht-Denken überwiegt oder ob sie (alle drei) gleich stark sind – indem man ihren Geschmack erfährt, ohne

daran zu haften, sieht man ihr wahres Gesicht, und dadurch werden diese (Irrwege 2–8) vermieden.

10. Wenn man einseitig nur an Offenheit haftet, ohne Methoden (*thabs*) wie großes Mitgefühl usw. (zu entwickeln), verirrt man sich in minderwertige geistige Wege; dies muß vermieden werden, denn es heißt:

> «Selbst ein Höllendasein ist kein
> Dauerndes Hindernis für spirituelles Erwachen.
> Doch die Haltung der Sravakas und Pratyekas ist ein
> Permanentes Hindernis zum Erreichen des Erwachens.»

Durch die Methoden der Meditation über Liebe und großes Mitgefühl sowie (das Entwickeln) des Erleuchtungsgeistes wird (dieser Irrtum) beseitigt.

11. Andererseits werden die Methoden mit Hilfe von Intelligenz vertieft: Weiße (gute) Handlungen wie Freigebigkeit usw. müssen ergänzt werden durch Intelligenz, welche die drei Komponenten der Handlung (Subjekt, Objekt und Interaktion) nicht objektiviert; sonst ist es keine makellose Handlung.

12. Gleichermaßen spricht man vom Vertiefen der Intelligenz mit Hilfe von Methoden, wenn die transzendentale Intelligenz durch Methoden ergänzt wird.

13. Durch einseitiges Haften an Offenheit verirrt man sich in minderwertige geistige Wege, aus denen kein umfassender Nutzen für Lebewesen entsteht. Doch Mitgefühl allein bewirkt ebenfalls keinen großen Nutzen für andere. Offenheit und Mitgefühl bilden eine Einheit, deshalb muß man das eine durch das andere vertiefen.

14. Die Praxis von Geistiger Ruhe allein – ohne Intuitive Einsicht – ist ein rein weltlicher Weg; doch sobald Intuitive

Einsicht entsteht, betritt man den Weg der Befreiung. Deshalb sollte man in seinem Inneren die Intuitive Einsicht des Urbewußtseins entwickeln, und so mit Hilfe von Intuitiver Einsicht die Geistige Ruhe vertiefen.

15. Andererseits können wir ohne Geistige Ruhe die Kraft von Intuitiver Einsicht nicht voll entfalten und die Fähigkeiten von außersinnlicher Wahrnehmung und Wunderkräften nicht hervorbringen. Je besser die Geistige Ruhe, desto umfassender wird allmählich die Kraft der Intuitiven Einsicht und um so mehr Qualitäten werden wir besitzen; daher sollten wir die Intuitive Einsicht mit Hilfe von Geistiger Ruhe vertiefen.

16. Für jeden der vier Yogas (Stufen von Mahamudra: Einsgerichtetheit, Einfachheit, Ein-Geschmack und Nicht-Meditation) gibt es vielfältige Methoden zur Beseitigung von Hindernissen und zur Weiterentwicklung der Praxis. Aus Furcht vor (zu vielen) Worten werden diese hier nicht abgehandelt; sie sind anderswo erklärt. In älteren Instruktionsmanualen finden sich folgende Erklärungen in bezug auf Geistige Ruhe und Intuitive Einsicht:

Auf der Stufe der *Einsgerichtetheit* werden Erfahrungen mit Hilfe von (weiteren) Erfahrungen vertieft.

Auf der Stufe der *Einfachheit* versteht man Offenheit; indem man Geschick im Umgang mit Erscheinungen entwikkelt, wird diese Erkenntnis durch Erfahrungen vertieft.

Auf der Stufe von *Ein-Geschmack* versteht man die Gleichheit; indem man sich in Mitgefühl übt, wird die Erkenntnis durch (weitere) Erkenntnis vertieft.

Wenn man diese Geschicklichkeit bei allen Beschäftigungen übt und alles, was man tut, tugendhaft ist, ohne daß die drei Tore (Körper, Rede und Geist) je gewöhnlich bleiben, werden durch gewöhnliche Handlungen Fähigkeiten entwickelt.

17. Wenn man alle nachteiligen Umstände – seien es gestörte Gefühle, Schmerz, Leiden, Hindernisse – direkt betrachtet,

ohne sie abzulehnen oder sich darin zu verwickeln, dann vertieft sich die Praxis, so daß mit Hilfe von ungünstigen Situationen Qualitäten entstehen und durch schlechte Zeichen Segen.

Solange allerdings die Praxis schwach ist (bei Anfängern), kann man gestörte Gefühle oder schwere Krankheiten nicht sofort, durch bloßes Betrachten, als Praxis erfahren. Nur indem die Fähigkeit entwickelt wird, diese Schwierigkeiten zu ertragen und über längere Zeit hinweg darin auszuharren, kann man ganz allmählich entspannen. Dann können auch jene mit bescheidener Meditationspraxis erfahren, daß diese sich spurlos in Offenheit auflösen. Jene mit hochentwickelter Praxis (Fortgeschrittene) können den Geist entspannt lassen und (Schwierigkeiten) klar und direkt in ihrer natürlichen Offenheit erfahren. In dieser Erfahrung sollte der Geist ungekünstelt belassen werden in seinem unberührten, gelösten, natürlichen Zustand, so wie zuvor beschrieben.

Bei ausführlichem Vorgehen kann man mit jedem dieser siebzehn Punkte, wie dem «Vermeiden der drei Irrwege» usw., die Praxis vertiefen, Irrtümer vermeiden und die Fehler beseitigen, die es zu beseitigen gibt. Treten keine Fehler auf, so ist es nicht unbedingt notwendig, diese 17 Punkte zu erklären. Es genügt, den vorliegenden Irrtum zu identifizieren und das entsprechende Gegenmittel zu zeigen, um ihn zu beseitigen. Werden die Methoden zur Weiterentwicklung der Praxis sowie das Vermeiden von Irrtümern und Hoffnung und Furcht zusammengefaßt, dann ist dies Lektion 69.

Die Praxis weiterentwickeln:

Drei Engpässen entrinnen

Wie Offenheit zum Feind wird

L 70

Wenn wir den Geist betrachten, um dessen wahre Natur zu ergründen und zu erforschen und dabei sehen, daß er überhaupt nicht als ein «Ding» existiert, kann es passieren, daß wir denken: «Alle Phänomene sind nichts weiter als Leerheit, wozu sollte ich mit Körper, Rede und Geist tugendhaft handeln. Tugend und Untugend sowie Ursache und Wirkung von Handlungen, all dies existiert doch überhaupt nicht!» Dieses im Widerspruch zum Dharma stehende (nihilistische) Gerede, demzufolge es (angeblich) nichts gibt, was abzulehnen und nichts, dem entgegenzuwirken sei, stellt eine falsche Sicht- und Verhaltensweise dar; sie wird «Verirrung, bei der (falsch verstandene) Offenheit zum Feind geworden ist» genannt. Im *Mulamadhyamaka-karika* heißt es:

> «Unintelligente Menschen laufen Gefahr,
> Sich mit der Sichtweise der Offenheit zu vernichten.
> Falsches Praktizieren der mantrischen Lehren
> Ist ebenso gefährlich
> Wie das Anfassen einer Giftschlange.»

Intelligente Menschen begreifen – ohne von dem Fehler einer nihilistischen Sichtweise der Offenheit behaftet zu sein –, daß nichts wirklich existiert. Doch sind sie sich des untrüglichen Prinzips der relativen Ebene bewußt, wonach in der unbehinderten Dynamik der Erscheinungen das Gesetz des durch Ursache und Wirkung von Tugend und Untugend bedingten Entstehens wirksam ist. Deshalb lernen sie (die beiden Ebenen) zu vereinen: selbst wenn ihre Erkenntnis so umfassend wie der Himmelsraum ist, sind sie in ihrem Verhalten äußerst gewissenhaft und stets auf günstiges Zusammentreffen bedacht. Sie üben sich auf dem Weg der Vereinigung von Sichtweise und Verhalten, ohne sich jemals aus der Offenheit herauszubewegen.

Man mag einwenden: «Aber wurde denn nicht zuvor erklärt, daß man ohne Ablehnen und Anstreben sein soll?»

Ja, das wurde erklärt, um die Verhaftung an Ablehnen und Entgegenwirken aufzulösen. Diese jetzige Erklärung berücksichtigt den relativen Aspekt; sie soll verhindern, daß sich Anfänger, die diese Begriffe allzu wörtlich nehmen, in nihilistischem Leerheits-Gerede verlieren.

Wie Mitgefühl zum Feind wird

L 71

Wer das Glücksgefühl der tiefen Meditation ein wenig erfahren hat, empfindet Mitgefühl mit jenen Lebewesen, die dieses Glück nicht kennen und denkt sich: «O weh, wenn ich nicht sämtliche Lebewesen befreie, sondern nur mich selbst, wird dies nicht zum unübertrefflichen Erwachen führen, deshalb muß ich zum Nutzen der Lebewesen arbeiten.» Daraufhin gibt er seine tiefe Meditation auf und macht sich daran, unter großen Anstrengungen bedingte tugendhafte Handlungen aller Art auszuführen. Doch weil er sich selbst und alle anderen Lebewesen für real hält, erschöpft er sich dabei. Dies wird «(falsch verstandenes) Mitgefühl, das zum Feind geworden ist» genannt.

Auch wenn wir unerträgliches Mitgefühl empfinden, müssen wir uns – ohne uns von diesem Gefühl zu trennen – ganz darauf konzentrieren, die eigene makellose Erkenntnis zu bewahren, indem wir allen zerstreuenden Ablenkungen entsagen und an einem abgeschiedenen Ort einzig unsere Praxis beharrlich fortführen.

Wie falsch verstandene Ursache und Wirkung zum Feind wird

L 72

Wer sich (durch ausgiebiges Studieren) über die Sichtweise klar geworden ist, sich aber nicht über die Praxis der tiefgründigen Kernunterweisungen im klaren ist, oder wer glaubt: «Durch Kenntnis aller (Wissensgebiete) versteht man auch den wirklichen Sinn (der wahren Natur); wenn man in sämtlichen Wissenschaften bewandert ist, dann wird einem auch der Sinn der unwandelbaren Natur klarwerden, folglich muß ich mir (erst einmal) das gesamte verfügbare Wissen aneignen», woraufhin er so unbedeutenden Beschäftigungen nachgeht wie der Linguistik, der Logik, den Kunsthandwerken usw. und dabei die Übung von Geistiger Ruhe und Intuitiver Einsicht fallenläßt, der befindet sich im dem «Irrtum, bei dem falsche Ideen von Ursache und Wirkung zum Feind geworden sind».*

Darüber sollten wir gründlich nachdenken und (diesen Fehler) vermeiden. Indem wir dann einsgerichtet über den tiefen Sinn der Einheit von Offenheit und Mitgefühl meditieren, kommt unwillkürlich eine makellose Intelligenz zum Vorschein, der nichts in der Erscheinungswelt von Samsara und Nirvana verborgen bleibt. Dies wird »Eines verstanden – alles befreit» genannt.

* Die falsche Idee von Ursache und Wirkung besteht hier darin, theoretische Studien – und nicht die Praxis von Geistiger Ruhe und Intuitiver Einsicht – für die Ursache von Erkenntnis der wahren Natur des Geistes zu halten.

Um die Gleichheit von Offenheit und Mitgefühl zu verstehen, darf man das Haften nicht zulassen, welches die Überschätzung der eigenen Meinung (*mchog 'dzin*) in bezug auf Ursache und Wirkung verfestigt. An gar nichts haftend, sollten wir uns einzig und allein bemühen, diese strahlend klare Weite der Gleichheit im eigenen Geist ungekünstelt und ungezwungen zu erfahren.

Dies waren die Methoden, um die Fertigkeit in der Praxis zu schulen und diese dadurch weiterzuentwickeln.

Wird in ausführlicher Weise für das Beseitigen der zum Feind gewordenen falschen Ideen je eine Lektion verwendet, dann war dies Lektion 72. Bei kurzem Vorgehen faßt man alle drei zu einer Lektion zusammen.

HINDERNISSE ÜBERWINDEN

Es gilt, drei Hindernisse zu überwinden:
Krankheit, Dämonen
und Hindernisse zur tiefen Meditation.

Das Hindernis Krankheit überwinden

L 73

Alle Krankheiten können in drei Gruppen zusammengefaßt werden: *Lung* (*rlung;* Wind, subtile Energie), *Triepa* (*mkhris pa;* Galle) und *Beken* (*bad kan;* Schleim).

Lung-Krankheiten werden beseitigt, indem man hauptsächlich die tiefe Meditation Geistiger Ruhe übt, während Krankheiten von *Triepa* und *Beken* beseitigt werden, indem man sich vorwiegend um Intuitive Einsicht bemüht. Oder: die Kraft des Windes Intuitiver Einsicht, in der Bewußtheit und Energie untrennbar sind, vertreibt die erdhaften *Beken*-Krankheiten und der Berg Geistiger Ruhe zermalmt die mobilen Krankheiten von *Triepa* und *Lung*. Weil darüber hinaus alle Krankheiten aus Hitze und Kälte entstehen, können die kühlenden Wasser Geistiger Ruhe die Hitze – Eigenschaft des Feuers – besänftigen, während das Sonnenlicht Intuitiver Einsicht die Kälte – Eigenschaft des Wassers – austrocknet und verzehrt.

Oder man untersucht genauestens das eigentliche Wesen sowie Form und Farbe der Krankheit und erkundet, woher sie kommt, wo sie verweilt und wohin sie geht. Dadurch wird man sich unzweifelhaft klar darüber, daß ihr Wesen Offenheit ist, daß sie nicht im geringsten wirklich existiert, sondern lediglich ein begrifflicher Trugschluß* ist.

* Trugschluß (*sgro 'dogs*): «trügerische Vorstellung, die etwas Nicht-Existierendes für existierend hält» (BöGja).

Wenn sich die Krankheit auch dadurch nicht abwenden läßt, weil unsere gewohnheitsbedingten Tendenzen so stark entwikkelt sind, dann überlegen wir uns folgendes:
«Zahllose Lebewesen werden von solchen Krankheiten gequält; mögen all ihre Krankheiten und Leiden in mir reifen, möge dies für die Lebewesen nützlich sein, so daß sie frei von allen Leiden werden.» Somit kultivieren wir eine freudige Haltung darüber, daß wir krank geworden sind und führen beharrlich die Visualisation des Gebens und Nehmens durch.

Um Krankheiten als die vier Buddha-Körper in die Praxis zu integrieren, üben wir wie folgt:
Die vielfältigen Erscheinungsformen erkennen wir als Nirmanakaya, Bewußtheit als Sambhogakaya, Offenheit als Swabhawikakaya und den gleichen Geschmack aller drei als Dharmakaya. Oder wir üben uns in der Erfahrung, die Ursprungslosigkeit der Krankheit als Dharmakaya, das Nichtverweilen als Sambhogakaya, die Ungehindertheit als Nirmanakaya und ihre offene Natur als Swabhawikakaya zur Praxis zu machen.

Somit gibt es drei Methoden, Krankheiten zu überwinden:
- der Krankheit auf den Grund gehen und erkennen, daß sie keine materielle, wirkliche Existenz hat;
- die Krankheit unter Kontrolle bringen, indem wir die Umkehrmeditation des Gebens und Nehmens praktizieren;
- und schließlich die Krankheit als Spiel der vier Buddha-Körper und des ursprünglichen Bewußtseins erkennen, indem wir ihr wahres Antlitz betrachten.

Gjalwa Götzangpa hat es so zusammengefaßt:

> «Wenn Krankheiten den Körper befallen,
> So ist dies die Folge davon,
> Daß wir früher andere geschlagen haben.
> Um zu bewirken, daß schlechte Handlungen sich erschöpfen,

Dürfen wir wegen Krankheit keinen Arzt rufen
Und gegen Dämonen keine Rituale ausrichten,
Sondern müssen die Krankheit selbst für die Praxis nutzen.
Gemäß den Unterweisungen der Dharmameister
Sollt ihr Krankheit nicht als Nachteil ansehen,
Denn durch sie werden Schleier gereinigt,
Qualitäten hervorgebracht,
Und Eure Erkenntnis wird durch sie vertieft.
Seid überaus froh, wenn euch Krankheiten befallen
Und praktiziert damit, indem ihr wieder und wieder
folgenden Gedanken kontempliert:
«Wie bemitleidenswert sind all jene Lebewesen,
Die von derselben Krankheit gequält werden wie ich!»
Und wiederholt immerzu das Wunschgebet:
«Mögen die unzähligen Lebewesen durch meine eigene
Krankheit
Von ihren Krankheiten und Leiden erlöst werden.»
Daraufhin betrachtet die Krankheit ganz direkt:
Sie hat weder Form noch Farbe.
Die Krankheit existiert nicht wirklich:
(Ihre wahre Natur) ist selbst-vervollkommnete Offenheit.
Wird dies erkannt, ist sie selbst-befreiend.
Solltet ihr euch wiederum krank fühlen,
So betet innig zum Meister:
«Gib deinen Segen,
Daß ich sie zur Praxis erheben kann.
Gib deinen Segen,
Daß ich frei von Verneinen und Bekräftigen bin.
Gib deinen Segen, daß ich sie als Helfer erlebe!»
Macht dieses Gebet mit voller Kraft,
Und betrachtet die Krankheit nochmals ganz direkt:
Diese Krankheit, die zuvor nicht existierte,
Wie sollte sie nun auf einmal existieren!
Bleibt entspannt in (der Erkenntnis) ihrer Nicht-Existenz,
Und ihr werdet die Krankheit selbst als Dharmakaya
erfahren.»

Dementsprechend müssen wir praktizieren. Wenn die Krankheit auch dadurch nicht überwunden wird, sollte man relative Methoden anwenden, wie Medizin, die fünf Kernunterweisungen zur Beseitigung von Hindernissen, Heilung durch subtile Energien und andere mündlich überlieferte Heilverfahren.

Dämonische Hindernisse überwinden

L 74

Es heißt:

> «Die eigene dualistische Wahrnehmung ist das Hindernis!
> Dualistische Wahrnehmung wird Mara genannt!
> Alle Hindernisse entstehen aus begrifflichem Denken.
> Deshalb ist begriffliches Denken aufzugeben!»

Dämonische Erscheinungen entstehen aus unseren Vorstellungen, aus dem Zauberspiel unseres Geistes; somit ist klar entschieden, daß sie im eigenen Geist sind. Indem wir erkennen, daß der Geist ungreifbar, strahlend klar und offen ist und (die Natur der) vier Buddha-Körper hat und darüber meditieren, daß die Dämonen selbst ebenfalls (die Natur dieser) vier Buddha-Körper haben, werden sie überwunden.

Man kann dies zu einer eigenen Lektion machen oder das Überwinden von Krankheit und Dämonen zusammen behandeln.

Hindernisse zur tiefen Meditation überwinden

L 75

Es ist überflüssig, zahlreiche Fehler in der Meditation zu beschreiben – alle Fehler in der Meditation lassen sich als Dumpfheit oder Wildheit zusammenfassen.

Um diese beiden Fehler zu beseitigen, befolgt man die zuvor beschriebenen Schlüsselpunkte für tiefe Meditation, Verhalten, Nahrung, subtile Energien und Körperhaltung. Bei Dumpfheit bemüht man sich, den Geist anzuregen, und bei Wildheit wendet man Techniken an, um ihn zu entspannen; ist der Geist weder dumpf noch wild, läßt man ihn, wie er ist.

Die Praxis des Guru Yoga ist eine weitere Möglichkeit, Dumpfheit und Wildheit zu beseitigen:
Bei Dumpfheit beten wir hingebungsvoll und aus tiefstem Herzen zu Amitabha über unserem Kopf, in dessen roter Form sich alle Linien-Lamas, Buddhas und Bodhisattvas aufgelöst haben. Vom Lama (Amitabha) strahlt unermeßlich viel Licht aus, das in uns verschmilzt und dadurch alle vier Ursachen von Dumpfheit – zeitbedingte, verhaltensbedingte, schleierbedingte und reifungsbedingte – reinigt. Dann löst sich der Lama in Licht auf und verschmilzt mit uns. Wir meditieren, daß wir zu einer Lichtkugel werden, die alle Welten erhellt. Dann löst sich auch dieses Licht im Himmelsraum auf, und wir lassen die geschärfte Bewußtheit *yerre* – in ihrer eigenen Klarheit: dadurch verfliegt die Dumpfheit.

Bei Wildheit visualisieren wir den Lama in der Gestalt eines blauen Vajrasattva in unserem Herzen, in der Mitte einer vierblättrigen Lotusblüte. Auf den vier Blütenblättern visualisieren wir Vairocana (und die Buddhas der anderen Familien) in gleicher Körperfarbe; jeder von ihnen ist von Viras, Dakinis, Buddhas und Bodhisattvas der eigenen Familie umgeben. Indem blaue Lichtstrahlen aus ihren Herzen in den Lama strömen, stellen wir uns vor, daß sich dann die Lichtstrahlen in sämtliche Richtungen ausbreiten wie gestreckte Zeltstricke aus Yak-Haar – und verweilen in der Weite von Mahamudra.

Allgemein gesagt werden Dumpfheit und Wildheit von der Haltung des Körpers und des Geistes verursacht, deshalb ist es wichtig, die korrekte Körperhaltung einzunehmen. Man kann Dumpfheit oder Wildheit auch wirksam beseitigen, indem man sie in ihrer wahren Natur direkt betrachtet und natürlich darin verweilt.

Ist das körperliche Glücksgefühl schwach, visualisieren wir den Lama in der Form von Amitabha. Ist die Klarheit schwach, visualisieren wir den Lama in der Form von Akshobhya. Ist die Erfahrung von Nicht-Denken schwach, visualisieren wir den Lama in der Form von Vairocana. Indem wir um Erfüllung unserer Wünsche bitten, werden alle Hindernisse beseitigt und die Qualitäten nehmen zu.

Zum Zeitpunkt des Sterbens nutzen wir das Sterben selbst als Helfer auf dem Weg. Wenn wir in strahlend klarer Offenheit aufgehen, ohne an irgend etwas zu haften und ohne in Hoffnung und Furcht verwickelt zu sein, wird das Sterben selbst zum Helfer auf dem spirituellen Weg.

Ausführlich behandelt, wird für die Beseitigung von Hindernissen durch Krankheit, Dämonen und denen zu tiefer Meditation jeweils eine Lektion verwendet. Bei kurzem Vorgehen können alle drei in einer Lektion zusammengefaßt werden.

DEN WEG DURCHLAUFEN

Zwölf Stufen von Mahamudra

Einsgerichtetheit

L 76

Allgemein gesprochen hängt Mahamudra nicht von dem mühevollen Zurücklegen eines stufenweisen Weges ab, wie *Schang Rinpoche* erklärt:

> «Mahamudra ist unmittelbar zugänglich.
> Dummköpfe täuschen sich mit dem Kalkül
> der Stufen und Wege.»

Dennoch ist es kein Widerspruch, wenn hier die spirituelle Laufbahn gemäß der schrittweisen Entwicklung beschrieben wird, um Schüler einstweilen auf dem Weg zu leiten bzw. um dem unterschiedlichen geistigen Niveau der Menschen gerecht zu werden, von dem es abhängt, ob sie den Weg «auf einmal», «sprunghaft» oder «stufenweise»* durchlaufen. Hier folgt eine Beschreibung der schrittweisen Höherentwicklung durch die «vier Yogas» (Stufen von Mahamudra: Einsgerichtetheit, Einfachheit, Ein-Geschmack und Nicht-Meditation) sowie der Abgrenzungen zwischen den verschiedenen Stufen und der Vollendung des Weges. Bei feinster Unterteilung könnte jeder der vier Yogas für sich jeweils mit Basis, Weg und Frucht in Beziehung gesetzt werden. Im folgenden werden sie in bezug auf den Weg erklärt; dazu heißt es in den Werken der frühen Kagyü-Meister:

* Siehe Zweiter Teil, Seite 93–94

Erfahrung (*nyams*) und Erkenntnis (*rtogs pa*) sind wahrlich leicht zu verwechseln!

Als erstes kommen die Erfahrungen von *Einsgerichtetheit* (*rtse gcig*): Ist das Bewußtsein *singewa,* klar und rein, so ist das seine wahre Natur. Wenn Schwankungen auftreten, so ist dies noch der Bereich der Erfahrung, dieser ist unstabil. Sind die Schwankungen des Auf und Ab der Erfahrungen gering, so ist dies schon ganz gut. Doch ganz allgemein handelt es sich auf der Stufe der Einsgerichtetheit eher um Erfahrungen, nicht um Erkenntnis.

Einfachheit (*spros bral*): Die Ursprungslosigkeit von innen her ein wenig zu verstehen, sie im eigenen Geist wiederzuerkennen, wenn der Lama sie erklärt und zu denken: «Dies habe ich erfahren» – dies ist Erfahrung.

Wenn das Bewußtsein klar erkennt, daß es selbst ohne Eigenheit ist – dies ist Erkenntnis.

Ein-Geschmack (*ro gcig*): Zu denken, «Mein Körper, die äußeren Erscheinungen und mein Geist sind alle drei ohne Eigenheit» – dies ist Erfahrung.

Direkt und ungekünstelt zu erkennen, daß die äußeren Erscheinungen, gleich Bildern in einem Spiegel, getrennt erscheinen und doch einen Geschmack haben – dies ist Erkenntnis.

(*Nicht-Meditation, sgom med*): Wiederholt zu denken: «Es gibt nichts zu meditieren und keinen Meditierenden» – dies ist Erfahrung.

Wenn das Bewußtsein ungekünstelt erkennt, daß es in ihm selbst keinen (Unterschied zwischen) auszuführender Meditation und Meditierendem gibt – dies ist Erkenntnis.

Es ist entscheidend, Erfahrung und Erkenntnis nicht zu verwechseln.

DER YOGA DER EINSGERICHTETHEIT

Ein Praktizierender, der die Natur des Geistes klar sieht und dessen Geist einsgerichtet (in dieser Erfahrung) verweilt, erfährt seine Bewußtheit als *sal-singe, yerre* – strahlend klar und rein. Daraus entstehen die Erfahrungen von Glück, Klarheit und Nicht-Denken. Je nachdem, ob er ungeübt, geübt oder äußerst geübt darin ist, d. h. je nachdem, ob er eine kurze oder lange Zeit oder so lange wie gewünscht darin verweilen kann, wird diese Einsgerichtetheit als klein, mittel oder groß bezeichnet.

Kleine Einsgerichtetheit

Wird der Geist nicht manipuliert, hört die offenbare Bewegung der Gedanken auf; wenn der Geist in Glück, Klarheit und Nicht-Denken aufgegangen ist, bleibt er einsgerichtet. Da der Praktizierende auf dieser Stufe aber keine Kontrolle über seine Konzentration hat, stellen sich diese (Erfahrungen) nicht immer ein, selbst wenn er meditiert. Zu anderen Zeiten erscheinen sie, auch wenn er nicht meditiert; mal sind sie klar, dann wieder nicht. Zu diesem Zeitpunkt hat er keine Erkenntnis erlangt und er empfindet keine große Gewißheit. Dennoch kann er Vertrauen daraus schöpfen, es ist ein allererster Anfang des Weges (zur Erfahrung) des Ursprünglichen Bewußtseins. Erfahrungen auf der Stufe der Einsgerichtetheit gleichen dem Erblicken der Mondsichel am ersten Tag des Mondmonats.

Wenn der Praktizierende den Geist ungekünstelt beläßt und in reinem Glück verweilt, möchte er diese Erfahrung nicht wieder zerstören. Löst er sie aber nicht auf, entsteht keine echte Meditation. Er muß sich darüber klar sein, daß er nur dann erkennen wird, daß alle aufkommenden Gedanken ohne Eigennatur sind, wenn er diese Erfahrungen zerstört und Gedanken ungehindert entstehen läßt.

Zum Zeitpunkt der kleinen Einsgerichtetheit hält er an der Gewißheit fest, daß der Geist strahlend klar und offen ist, verbunden mit einer Erfahrung von Glück. In diesem Zustand werden die auftauchenden Gedanken transparent und es entsteht eine verstandesmäßige Gewißheit, daß dies Meditation ist.

Durch die sogenannte «solide (angespannte) Achtsamkeit»* in der Nach-Wahrnehmung** werden die mit Freude verbundenen Erfahrungen meist als solide erfahren. Solange er Achtsamkeit bewahrt, entsteht eine Erfahrung, wo er denkt, daß Erscheinungen im Geist leer sind; damit verbunden ist eine gedankliche Fixierung, daß dies so ist.

Die Träume sind nicht viel anders als vorher, außer daß sie ein klein wenig klarer geworden sind. Manchmal ist die Praxis schwierig und voller Schwankungen von Zu- und Abnahme der Erfahrungen, und er denkt, daß seine Meditation überhaupt nicht gut läuft, während Hingabe, reine Wahrnehmung (*dag snang*) und Mitgefühl zunehmen.

Mittlere Einsgerichtetheit

L 77

Manchmal geht der Praktizierende in tiefer Meditation (*ting nge 'dzin*) auf, auch ohne zu meditieren, und wenn er meditiert, wird diese Erfahrung stabil. In der Transparenz von tiefer Meditation, die von Glück, Klarheit und Nicht-Denken geprägt ist, kann er verschiedene (weltliche) Fähigkeiten wie bedingte außersinnliche Wahrnehmungen und Wunderkräfte vorweisen. Während dieser Erfahrung verringern sich die Gedanken im Vergleich zu vorher, und was immer (im Geist) aufkommt, wird von selbst transparent.

* Solide Achtsamkeit (*a 'thas kyi dran pa*): «Der Geist muß mit angespannter Achtsamkeit auf Erfahrungen und Gewißheit gehalten werden» (DaSer 489).

** Nach-Wahrnehmung (*rjes snang*) bezieht sich im allgemeinen auf die Wahrnehmung der Objekte außerhalb formeller Meditationssitzungen.

In der Nach-Wahrnehmung sind die Erscheinungen weiträumig – er erfährt sie als strahlend klar und offen (*gsal stong*). Solange er achtsam ist, erfährt er sie als Meditation, sonst aber als solide.

Er träumt weniger als zuvor. Zuzeiten stellen sich die obigen Erfahrungen ein, dann wieder nicht. Er hat viel Freude am Meditieren.

Große Einsgerichtetheit

L 78

Der Praktizierende geht völlig in strahlend klarer Offenheit auf, und zwar ohne Unterbrechung Tag und Nacht, sowohl im meditativen Gleichgewicht als auch in der Nach-Meditation und bei allen vier Beschäftigungen (Sitzen, Gehen, Stehen, Liegen). Er lebt ununterbrochen in dieser Erfahrung von Klarheit und Offenheit, verbunden mit Glücksgefühl, und sämtliche Gedanken, die Nach-Wahrnehmung sowie Träume, sind darin aufgegangen.

Er hat vorwiegend Erfahrungen, in denen alles wie ein Traum oder eine Illusion erscheint, sowie Offenheitserfahrungen (*stong nyams*): der Geist wird als Glück und Offenheit, Bewußtheit und Offenheit, Erscheinung und Offenheit, Klarheit und Offenheit erfahren. Er verfügt über viele weltliche (*zag bcas*) Qualitäten und denkt: «Dies muß die (Stufe der) großen Nicht-Meditation sein, denn eine bessere Meditation als diese kann es nicht geben.» Indem er nicht an diesen Qualitäten haftet, erkennt er, daß Gedanken klar und offen sind, und daß Erscheinungen sich manifestieren und doch offen sind.

Er erlangt die vertrauensvolle Gewißheit, daß alles im Geist ist, und daß der Geist ursprungslos und selbst-befreiend ist; die offenbaren gedanklichen Bewegungen hören auf, und er betrachtet den Lama als Buddha.

Der Praktizierende hat das Wesen von Einsgerichtetheit erkannt, deren Kraft vollendet und ihre Qualitäten hervorgebracht, wenn er Tag und Nacht, ständig in dieser Erfahrung von Klarheit und Offenheit aufgeht, innerlich losgelöst ist vom Kreislauf bedingten Daseins, und wenn er dahin gelangt ist, wo es nichts zu meditieren gibt, nachdem er in der Erfahrung von Nicht-Denken die Natur des Geistes gesehen hat. Deshalb sollte er solange beharrlich praktizieren, bis dies geschehen ist.

Auf dieser Stufe sind die fünf Sinnesfreuden aufzugeben. Der Praktizierende sollte das Verhaftetsein an das gegenwärtige Leben, an den Genuß von Besitz und an tiefe Meditation aufgeben und in Reinlichkeit an einem abgeschiedenen Ort leben.

Meditatives Gleichgewicht (*mnyam bzhag*) und Nach-Meditation* unterscheiden sich auf dieser Stufe dadurch, ob der Geist verweilt oder nicht verweilt. In der Erfahrung von Glück, Klarheit und Nicht-Denken zu verweilen ist meditatives Gleichgewicht, darin nicht zu verweilen ist Nach-Meditation.

Einfachheit

L 79

Wenn der Praktizierende mühelos in (der Erfahrung des) ruhenden Geistes verweilt, so ist dies Einsgerichtetheit. Indem er diese Erfahrung der Einsgerichtetheit ohne Anhaften aufrechterhält, versteht er irgendwann – unabhängig von Meditation im Sinne einer angestrengten Achtsamkeit –, daß die wahre Natur des ruhenden wie auch des aktiven Geistes das

* Nach-Meditation (*rjes thob*) bezieht sich im allgemeinen auf die Praxis außerhalb der formellen Meditationssitzungen.

gleichzeitig entstehende Ursprüngliche Bewußtsein ist sowie die Tatsache, daß Gedanken ohne Beginnen, Enden und Verweilen sind. Er begreift unmittelbar, daß alle Phänomene frei von Begriffen* sind. Sämtliche Erfahrungen lösen sich in nicht-objektivierbarer Offenheit auf.

Er versteht klar und direkt – so als hätte er eine Hülle abgestreift oder einen Schatz gefunden –, daß die wahre Natur der Bewußtheit frei von Begriffen ist und glaubt: «Jetzt habe ich Kontrolle über den Geist erlangt» sowie: «Ich hätte von Anfang an erkennen müssen, daß es nur so sein kann.» Es gibt keine starken Schwankungen des Zu- und Abnehmens bei den Erfahrungen; sollten dennoch welche auftreten, reagiert er nicht emotional mit Freude oder Leid.

Da äußere Erscheinungen vom Geist als Illusionen wahrgenommen werden, schaden sie nicht, auch wenn sie nicht in Offenheit aufgehen: sie werden wahrgenommen, ohne benannt zu werden (wie wenn ein Kind Tempelmalereien sieht). Eine Gewißheit ohne falsche Auffassungen ist entstanden mit dem Verständnis, daß dies (die Qualitäten von Einfachheit) sind.

Da Geistige Ruhe und Intuitive Einsicht eins geworden sind und begriffliches Denken sich von selbst befreit, erfährt er Gedanken als Dharmakaya. Er versteht, daß Erscheinungen im eigenen Geist sind und weiß, daß die Natur des Geistes Dharmakaya ist. In der Sichtweise dominiert der Offenheitsaspekt; die Offenheit der Erscheinungen wird als eine Art Nicht-Existenz interpretiert, und mit dieser Offenheit fühlt er sich wohl. Ein Verständnis, das sich vorwiegend auf den Offenheitsaspekt sowie Ursache und Wirkung bezieht, wird «Yoga der Einfachheit» genannt. Davon gibt es eine kleine, eine mittlere und ein große Stufe.

* Freisein von Begriffen (*spros bral*); zur Bezeichnung der Mahamudra-Stufe wurde hier der Begriff «Einfachheit» von Trungpa Rinpoche übernommen.

Die kleine Einfachheit

Der Praktizierende versteht zwar, daß die wahre Natur von Bewußtheit – Erscheinungen und Geist – ohne Beginnen und Enden ist, doch ist er in sein fixiertes Haften an der Gewißheit über den Offenheitsaspekt verstrickt, und da er sich davon nicht gelöst hat, kann er nicht klar zwischen Erfahrung und Erkenntnis unterscheiden.

Wenn er im Nach-Bewußtsein* unachtsam ist, hört das Haften an Freund und Feind nicht auf, und wenn er das Verhaftetsein an Objekte nicht überwindet, entsteht eine Fixierung auf Tugend und Untugend: er fühlt sich hingezogen zu denjenigen Erscheinungen der sechs Wahrnehmungsbereiche, die er für gut hält, und abgestoßen von denen, die er für nicht gut hält, oder er verharrt teilnahmslos in Unbewußtheit. Doch heißt es: (wirkliche) Untugend besteht darin, von der Mahamudra-Praxis getrennt zu sein, (wirkliche) Tugend besteht darin, sich nicht davon zu trennen, und in einem Zustand von Neutralität (Dumpfheit) kann man die Wahrheit nicht klar erkennen.

Im Schlaf und im Traum überwiegt Täuschung, und in der Praxis gibt es ein leichtes Auf und Ab.

Mittlere Einfachheit

L 80

Wenn die vorherige, etwas grobe Erfahrungsweise, daß der Geist ohne Beginnen, Enden und Verweilen ist und die groben Unreinheiten des Haftens an Offenheit gereinigt sind, verliert sich das Freudegefühl und Fasziniertsein, und das nicht-objekti-

* Nach-Bewußtsein (*rjes shes*) bezieht sich auf die Erfahrungsweise außerhalb formeller Meditationssitzungen.

vierbare «normale Bewußtsein» (*tha mal shes pa*) offenbart sich. Nun genügt es, das Haften an der Offenheit der Erscheinungen, die gestörten Gefühle sowie begriffliches Denken in ihrer Basis- und Wurzellosigkeit zu erkennen.

Da sich der Praktizierende noch immer nicht ganz sicher über die (Natur der) Erscheinungen ist, fühlt er sich damit etwas unbehaglich. Bei Gedanken wie: «Wo kommen die Erscheinungen her, sie sind leer-offen, und trotzdem hören sie nicht auf?» kommt ein wenig Hoffnung und Furcht auf.

Im Nach-Bewußtsein und in Träumen variieren die Erfahrungen zwischen Täuschung und Nichttäuschung. Zu diesem Zeitpunkt gilt es, «während des Nach-Bewußtseins die Natur zu erkennen». Dies bedeutet, in der Kontinuität des Erkennens des meditativen Gleichgewichts* anstrengunglos zu verweilen.

Große Einfachheit

L 81

Der Praktizierende beseitigt seine Trugschlüsse über sämtliche äußeren und inneren Phänomene und weiß, daß Erscheinungen im eigenen Geist sind. Mit großer Erleichterung erkennt er, daß der Geist wahrnimmt, ohne als solcher zu existieren, und daß er – wie die Mitte des Himmels – kein objektivierbarer Bezugspunkt ist.

Früher fühlte er sich unbehaglich mit Erscheinungen, doch mit der Bewußtheit war er vertraut, und seine Praxis bestand darin, diese Bewußtheit zu kultivieren. Jetzt dagegen weiß er, daß Erscheinungen (im) Geist sind, der Geist offen ist und daß

* Meditatives Gleichgewicht (*mnyam bzhag*); von der Stufe der Einfachheit an ist damit gemeint, «den Geist in seiner zuvor erkannten, gleichzeitig entstehenden, wahren Natur unzerstreut natürlich zu belassen» (DaSer 496).

Erscheinungen der Offenheit dienlich sind. Seine Meditation ist hauptsächlich mit dem Offenheitsaspekt beschäftigt, und mit diesem Offenheitsaspekt beseitigt er seine Trugschlüsse. Doch trotz seines Verständnisses, daß alle Phänomene ohne Eigenheit bzw. nicht-existierend sind, fühlt er sich (immer noch) ein wenig unwohl, wenn er mit der Frischheit der gegenwärtigen Erscheinungen konfrontiert ist, und er betrachtet diese Erscheinungen als trügerische Wahrnehmungen ohne Basis.

Zu diesem Zeitpunkt ist seine Meditation tagsüber ohne Unterbrechung, und nachts ist er sich bewußt zu träumen. Im Nach-Bewußtsein erscheinen verschiedene Täuschungen und Erkenntnisse; das liegt daran, daß durch den Schlaf das Bestreben, achtsam zu sein, nachläßt.

Selbst wenn starke (äußere und innere) Eindrücke (den Geist) aufwühlen, ebben sie im Nach-Bewußtsein (als illusorisch) ab. Wenn der Praktizierende jetzt die Meditation nicht herrenlos werden läßt (wenn er nicht unachtsam wird), wird er von nun an fortwährend ungetrennt davon sein.

Solange die Achtsamkeit nicht ununterbrochen anhält, ist man auf ein leichtes (Bemühen) um die (die wahre Natur) «erkennende Achtsamkeit»* angewiesen. Achtsamkeit ist sehr wichtig. Auf der Stufe von Einfachheit unterscheiden sich meditatives Gleichgewicht und Nach-Meditation (lediglich) durch die Qualität der Achtsamkeit. Auf dieser Stufe liegt der einzige Unterschied zwischen Samsara und Nirvana darin, ob Achtsamkeit vorhanden ist oder nicht. Achtsamkeit ist hier die wichtigste Anweisung.

Wenn der Praktizierende nicht in seine Erfahrungen verstrickt ist, dann ist selbst die größte Wut in sich selbst offen (nicht

* Erkennende Achtsamkeit (*bzung dran*) bedeutet «alles, was erscheint, als offen zu erkennen und die Kontinuität dieser zweifelsfreien Gewißheit aufrechtzuerhalten» (DaSer 489).

bindend). Erkennt er dagegen die wahre Natur (seiner Erfahrungen) nicht und hält daran fest, dann handelt es sich um Unbewußtheit (*ma rig pa*), selbst wenn allem Anschein nach keine gestörten Gefühle und Gedanken vorhanden sind.

Solange er nicht getrennt ist vom Erkennen der wahren Natur, gibt es nichts weiter zu verhindern oder zu erreichen, auch wenn ständig negative Gefühle aufkommen. Als Zeichen (dieser Praxis) kommt die Idee gar nicht erst auf, Offenheit woanders zu suchen als in dem, was er erfährt.

Da er nicht fortwährend in der transparenten Erfahrung eines Nach-Bewußtseins ohne begriffliches Denken bleiben kann, ist er auf die erkennende Achtsamkeit angewiesen. Sonst ist es schwierig, sich jedes einzelnen Gedankens bewußt zu sein; deshalb muß er sich unablässig in Achtsamkeit üben. Wird er von den Umständen des täglichen Lebens nicht mehr beeinträchtigt, dann spricht man von der Erkenntnis der großen Einfachheit.

Der Praktizierende hat das Wesen von Einfachheit erkannt, deren Kraft vollendet und ihre Qualitäten hervorgebracht, wenn er (über folgende Qualitäten verfügt):
Er hat verstanden, daß die wahre Natur des Geistes ohne Beginnen und Enden ist und erkennt, daß sie den Intellekt transzendiert. Weltlichkeit ist aus seinem Geist gewichen; er empfindet keine Eifersucht auf andere, und viele Qualitäten wie außersinnliche Wahrnehmung manifestieren sich in ihm. In der Nach-Wahrnehmung erfährt er Erscheinungen als Illusion. Er versteht die Natur des erleuchteten Geistes, ist frei von Hoffnung und Furcht und schneidet Verhaftung an der Wurzel. Er hat die zweiundachtzig Faktoren aufgegeben, die auf dem Weg des Sehens aufzugeben sind (*mthong spang*) und kann nicht mehr in den Kreislauf bedingten Daseins zurückzufallen. Er kann nicht mehr aus karmischer Kraft, sondern nur noch durch Wunschgebete in der Welt wiedergeboren werden.

Auf Einsgerichtetheit versteht man (die Natur der) Gedanken nicht als Dharmakaya, auf Einfachheit hat man (die Natur der)

Gedanken als Dharmakaya verstanden – das ist der Unterschied zwischen diesen beiden Stufen.

Auch auf dieser Stufe sollte man die drei Anhaftungen (an dieses gegenwärtige Leben, an den Genuß von Besitz und an tiefe Meditation) aufgeben, an Orten ohne Zerstreuung (*dben pa*), in strikter Zurückgezogenheit (*'dag sbyar,* wörtlich: mit Lehm verschlossen) oder in Abgeschiedenheit (*dgon pa*) leben und Schweigen üben.

Ein-Geschmack

L 82

Zuvor, auf der Stufe der Einfachheit, war der Praktizierende damit vertraut, daß Dinge von Natur aus nicht existieren bzw. offen, leer sind. Wenn sich das leichte Unbehagen gegenüber der Frischheit von Gedanken und Erscheinungen aufgelöst hat, kommt es zum «Vermischen von Samsara und Nirvana». Dies bedeutet, daß er weder eine Dinglichkeits-Fixierung hat, die an der Wahrnehmung der unbehinderten, frischen Erscheinungen haftet, noch eine Offenheits-Fixierung, die an Offenheit haftet. Weder meditiert er intellektuell darüber, daß die äußeren Erscheinungen nicht wirklich existieren, noch nimmt er irgend etwas dualistisch wahr.

Ohne daß dies nur eine verstandesmäßige Erwägung wäre, erkennt der Praktizierende, daß alle Gegensatzpaare wie Erscheinen und Nicht-Erscheinen, offen und nicht-offen, gegenständlich erscheinend und offen-leer, Entwicklungs- und Vollendungsphase, relativ und absolut, Samsara und Nirvana, Glück und Leid nicht verschieden sind, sondern eine untrennbare Einheit, von einem einzigen Geschmack, und er nimmt sie als gleichzeitig entstehendes Ursprüngliches Bewußtsein wahr. Gegenüber der Frischheit von Erscheinungen und Gedanken ist er frei von Verneinung und Bekräftigung.

In der reinen Achtsamkeit* – selbst-gewahr, selbst-leuchtend und anstrengungslos – sind Geist, Achtsamkeit und Erscheinungen (so untrennbar) wie Feuer und Wärme. Der Zusammenhang von Ursache und Wirkung ist offenbar, und der Praktizierende ist angesichts der Erscheinungen frei und gelöst. Dies ist der Yoga des Ein-Geschmacks; er gliedert sich in drei Stufen: die kleine, die mittlere und die große.

Der kleine Ein-Geschmack

Erscheinungen und Offenheit haben sich untrennbar vermischt; alles wird als unwandelbare Natur verstanden. Offen oder nicht offen, diese Frage stellt sich nicht: das frische, unmittelbare Bewußtsein dessen, was erscheint, genügt, um dessen Natur zu verstehen. Obwohl der Praktizierende alle Aspekte des Weges vollständig verstanden hat – sowohl im (Aspekt des) Erscheinens als auch in dem der Offenheit, kommt es gelegentlich dazu, daß er sich intellektuell vergewissert, daß Körper, Erscheinungen und Geist untrennbar sind. Verbunden mit dieser Erfahrung ist ein leichtes Haften an der Gewißheit (daß es so ist).

Im Nach-Bewußtsein erscheint Erde usw. als solide. Wenn starke Eindrücke auf ihn einwirken, wird die Praxis mit den Erscheinungen der sechs Wahrnehmungsfelder schwieriger, er hat verschiedenartige dualistische Wahrnehmungen und es kommt zu leichten Schwankungen** bei der Ausübung des Dharma: diese werden «illusionsartige Nach-Erscheinungen» genannt. Auch im Traum kommen verschiedenartige Täu-

* Reine Achtsamkeit (*yang dag gi dran pa*) bedeutet: «Wenn sich das Bemühen und selbst das subtile Haften an der Gewißheit im Urbewußtsein befreit haben, wird – unabhängig vom Aufrechterhalten der Achtsamkeit – die Erkenntnis der Einheit spontan erfahren» (DaSer 489).

** Schwankungen (*ngo skog*) in dem Sinne, daß er mit der Praxis nachlässiger wird, wenn es ihm gut geht und fleißiger, wenn es ihm nicht so gut geht. (Khenpo Thubten)

schungen und Anhaftungen vor. Mitunter hat er Erfahrungen der Untrennbarkeit von Körper, Erscheinungen und Geist. Es kann sein, daß der Praktizierende Ursache und Wirkung außer acht läßt (weil alles so illusionsartig erscheint), und daß Hingabe und Mitgefühl sich vermindern; dies darf er nicht zulassen.

Der mittlere Ein-Geschmack

L 83

Wenn das Haften an der Gewißheit, mit der die vorherige Erfahrungsweise vermischt war, gereinigt ist, dann ist die unbelebte (Welt) nicht mehr außen und Bewußtheit nicht mehr innen isoliert: Erscheinungen und Geist sind schlichtweg eins, und dualistisches Haften ist an der Wurzel geschnitten.

Haften entsteht aufgrund von Objekten. Doch hier erscheinen alle Objekte des Haftens in ihrer selbst-leuchtenden, unveränderlichen Natur; da sie nicht (mehr getrennt) existieren, gibt es kein Bewußtsein mehr, das an ihnen haftet. Hat man den Fixierungsprozeß bei einem Objekt verstanden, dann gilt dasselbe für alle anderen. Dualistische Fixierung entsteht aufgrund von Objekten, doch visuelle und andere Objekte selbst erscheinen frei von Begriffen.

Die Einheit (von Erscheinungen und Geist) ist hier ihrem Wesen nach zwar nicht verschieden von der beim kleinen Ein-Geschmack, doch ist die Erfahrung stabil geworden. Es kommen Erfahrungen, in denen Körper, Erscheinungen und Geist sich zu einem vermischt haben.

Im Nach-Bewußtsein und im Traum werden die Täuschungen noch geringfügiger als zuvor, und das Haften an Solidität ist nicht mehr ausgeprägt (alles erscheint wie eine Illusion). Dennoch kommt es im Traum wie auch zu anderen Zeiten in der reinen Achtsamkeit zu vagen, illusionsartigen, dualistischen Wahrnehmungen, die darin bestehen, an (der Unterscheidung zwischen) Geistesgegenwart und Zerstreutheit zu haften.

Der Unterschied zwischen erkennender Achtsamkeit (*bzung dran*) und reiner Achtsamkeit (*yang dag gi dran pa*):
Erkennende Achtsamkeit ist es, wenn man zu seiner Praxis zurückfindet, nachdem man sich seiner Geistesabwesenheit bewußt geworden ist: «Ich war geistesabwesend.» Dies ist ein Anzeichen dafür, daß man vorher in Anhaftung verwickelt war. Reine, auf Erkenntnis gegründete Achtsamkeit ist es, wenn man einfach durch Achtsamkeit, ohne jegliches begriffliche Haften («Ich war geistesabwesend») sofort in der Praxis ist. Die Tatsache, daß man sich zuvor nicht (mental) vergewissert, ist ein Zeichen dafür, daß man nicht in Anhaftung verwickelt war.

Der große Ein-Geschmack

L 84

Hier versteht der Praktizierende die Natur der Gleichheit aller Phänomene der Erscheinungswelt von Samsara und Nirvana als ungeboren. Die vorherige Erfahrung, daß Erscheinungen und Geist eins sind, ist stabil geworden, und das Haften an der Wirklichkeit der unbehinderten Erscheinungen ist gereinigt; die Erkenntnis der Nicht-Zweiheit erscheint fortwährend, Tag und Nacht. Manchmal hat er leichte Erfahrungen nicht-begrifflicher Wahrnehmung, klar erscheinend, doch ohne benannt zu werden. Der Klarheitsaspekt ist frei von Haften und unbehindert. Gelegentlich wird der Strom der Gedanken (subtilen) dualistischen Haftens unterbrochen, nachdem er die Phänomene von Samsara und Nirvana in ihrer wahren Natur erkannt hat.

Die Nach-Erscheinungen sind ungreifbar wie eine Illusion. Sie gleichen den Erscheinungen eines Magiers: obwohl er weiß, daß sie nicht wirklich existieren, hört die subtile dualistische Wahrnehmung dennoch nicht auf. Es kommen nur leichte Träume, frei von Haften, auf; mitunter träumt er gar nicht.

Die «dualistischen Wahrnehmungen» sind hier subtile Erfahrungen von reiner Transparenz oder Luminosität oder Offenheitserfahrungen, die im Fluß der Praxis ab und zu vage auftauchen; dies wird «im Nach-Bewußtsein von Ein-Geschmack erscheinen (Erfahrungen) von Offenheit» genannt. Genau gesagt handelt es sich um die letzten noch zu überwindenden Reste (dualistischer Wahrnehmung). Solange es meditative Erfahrungen gibt, treten in deren Gefolge unweigerlich weitere (Erfahrungen) auf. Diese subtilen dualistischen Wahrnehmungen sind zwar unrein: es sind gelegentliche Erfahrungen nichtbegrifflicher Wahrnehmung, die erscheinen ohne benannt zu werden bzw. die nicht als Eigendynamik (des Geistes) erfahren werden, Erfahrungen, bei denen mit Achtsamkeit zwischen Geistesgegenwart und -abwesenheit unterschieden wird, sowie leichte Gefühle von Unbehagen. Doch sind diese verschiedenartigen Erfahrungen die letzten noch zu reinigenden Reste. Solange diese (subtilen Erfahrungen) vorkommen, entstehen infolgedessen unweigerlich weitere subtile Erfahrungen; dies wird «subtile Illusionen auf dem großen Ein-Geschmack» genannt.

Der Praktizierende hat das Wesen von Ein-Geschmack erkannt, dessen Kraft vollendet und seine Qualitäten hervorgebracht, wenn er (über folgende Qualitäten verfügt):
Er ist frei von Ablehnen und Ergreifen, Negation und Affirmation gegenüber Erscheinungen und erkennt ihre Natur als nichtobjektivierbare, klare Offenheit, als unwandelbare Gleichheit. Er versteht, daß alle in Samsara und Nirvana enthaltenen dualistischen Gegensätze von einem einzigen Geschmack sind und erfährt die acht weltlichen Interessen (Gewinn und Ver-

lust, Lob und Tadel, Glück und Leid, Ruhm und Schmach) als gleichwertig. Er versteht, daß alles aufgrund des Zusammentreffens von Umständen entsteht (*rten 'brel*). Er ist angesichts der Erscheinungen frei und gelöst.

Der Unterschied zwischen Einfachheit und Ein-Geschmack: auf Ein-Geschmack erfährt man Erscheinungen als Meditation, auf Einfachheit nicht; auf Einfachheit ist man auf die die Offenheit erkennende Achtsamkeit angewiesen, auf Ein-Geschmack nicht; auf Einfachheit weiß man, daß Erscheinungen im eigenen Geist sind, auf Ein-Geschmack erfährt man Erscheinungen als Meditation. Obwohl hier von Mühelosigkeit die Rede ist, besteht doch im Vergleich zur Stufe der Nicht-Meditation ein leichtes Bemühen.

Auf der Stufe der Einfachheit löst sich dualistisches Haften in der Natur der Ursprungslosigkeit (während des meditativen Gleichgewichts); hier löst es sich auch während der Nach-Meditation darin auf, und der Unterschied zwischen meditativem Gleichgewicht und Nach-Meditation, Nicht-Haften und Haften, besteht nur noch im Schlaf.

Während der Praktizierende sich auf den drei Stufen von Ein-Geschmack befindet, lebt er vorwiegend in Abgeschiedenheit und nur gelegentlich unter vielen Menschen, um seine Praxis weiterzuentwickeln. Auch wenn er denkt, es sei gleich, ob er meditiert oder nicht, ist es wichtig, mit reiner Achtsamkeit zu praktizieren.

Nicht-Meditation

L 85

Wenn man mit dieser Praxis wirklich vertraut geworden ist, wird die illusionsgleiche, dualistische Wahrnehmung gereinigt, die bis zur Stufe des großen Ein-Geschmacks im Nach-Bewußtsein vorhanden war.

Wenn die auf Erkenntnis beruhende, unzerstreute, reine Achtsamkeit, der geringe Makel des Haftens an Offenheit, das leichte Bemühen um reine Achtsamkeit, die subtile dualistische Wahrnehmung – wenn all dies gereinigt ist, dann hat der Praktizierende die Stufe der selbst-existierenden Perfektion (*lhun grub kyi rang sa*) erreicht, und er versteht, daß diese frei von Meditation und Meditierendem ist:
Bei allem, was er tut, ist er glücklich; er erfährt ununterbrochen Meditation, auch wenn er nicht meditiert. Er erlebt alles als Praxis, ganz unabgängig davon, ob er in meditativem Gleichgewicht ist oder nicht, ob er achtsam ist oder nicht, ob er geistesabwesend ist oder nicht. Der Geist ist in seine eigentliche Natur gereinigt. Die Luminosität des Todes (die im Sterbeprozeß erscheint) und die Luminosität der Meditationspraxis – Mutter und Kind – haben sich vermischt. Die beiden Luminositäten haben sich vermischt – es gibt nur noch Dharmakaya, wie ein wolkenloser Himmel oder wie Wasser ohne Wellen.

Der Praktizierende denkt: «Es gibt nichts zu tun – nichts aufzugeben und nichts zu erreichen. Sterben gibt es nicht und Nicht-Sterben auch nicht», und er hat die klare Gewißheit, daß es kein meditatives Gleichgewicht und keine Nach-Meditation gibt. Andere nehmen wahr, daß ihm die Dakinis huldigen; sie sehen mehrere Körper (von ihm); hingebungsvolle Menschen nehmen ihn als Buddha wahr.

Was immer er spricht, ist Dharma. Was immer er körperlich tut, erweckt Vertrauen in anderen Lebewesen. Wo immer er lebt, entsteht Segen. Auch wenn er ganz alleine lebt, empfindet er keine Melancholie. Wo immer er hingeht, entstehen Glück und Wohlergehen.

Anderen kommt es so vor, daß er sich manchmal wie ein Kind benimmt und Gedanken von Glück und Leid in bezug auf die Welt zu empfinden scheint. Sein Geist ist stabil bei allem, was er tut. (Ursache und) Wirkung von Handlungen wird offenbar. Er versteht alles als ursprungslos, haftet an gar nichts und hat keine beschämten Gedanken über Reinheit und Schmutz. Alle Viras und Dakinis bringen ihm Opferungen dar und helfen ihm dabei, den Lebewesen zu nutzen. Er wird zum wunscherfüllenden Juwel für alle Lebewesen.

Nicht-Meditation gliedert sich in drei Stufen: klein, mittel und groß.

Kleine Nicht-Meditation

Alle Handlungen werden als Meditation erlebt, ohne daß der Praktizierende die Achtsamkeit aufrechtzuerhalten braucht; frei von auszuführender Meditation und Meditierendem, erfährt er Meditation unabhängig von meditativem Gleichgewicht. Die illusionsartigen Nach-Erscheinungen, die er auf der Stufe des großen Ein-Geschmacks erfuhr, werden noch subtiler und reinigen sich von selbst, ohne daß er die reine Achtsamkeit aufrechterhalten muß.

«In der Nach-Wahrnehmung unerkannte nicht-begriffliche Erfahrung» bezieht sich auf einen Rest von Unbewußtheit (*ma rig pa*), der im Alaya-Bewußtsein als neutrale nicht-begriffliche Erfahrung fortbesteht, nachdem die gestörten Emotionen und alles begriffliche Denken bis zur Stufe des Ein-Geschmacks gereinigt wurden. Diese unerkannte nicht-begriffliche Erfahrung, ein (Rest eines) unproduktiven, aufzugebenden Schleiers, der noch nicht in Urbewußtsein umgewandelt werden konnte, ist in ihrem unbewußten Aspekt illusionsartig und kurzlebig; sie erscheint jeweils nur für Augenblicke, ist in ihrer Natur nicht-begrifflich (nicht faßbar) und erfordert keine Gegenmittel.

Im Schlaf treten manchmal ganz leichte Makel von Haften auf; da die samsarische Welt (*srid pa*) nicht als Eigenluminosität (der absoluten Natur) erfahren wird, verursacht dies einen (ganz leichten) intellektuellen Schleier (*shes bya la sgrib*).

Mittlere Nicht-Meditation

L 86

Der Praktizierende hat die Stufe der selbst-existierenden Perfektion vollständig erlangt. Die Erfahrung ist noch stabiler geworden als zuvor. Die Tatsache, daß Samsara und Nirvana seit jeher selbst-vervollkommnet sind, wird offenbar. Wenn er die Sphäre der unveränderlichen Realität, frei von allen Fixierungen, erreicht hat, wird sein meditatives Gleichgewicht Tag und Nacht vom Rad des Ursprünglichen Bewußtseins beherrscht. Von der Kraft dieses meditativen Gleichgewichts beziehungsweise des Urbewußtseins befördert, wird jener subtile Aspekt der «in der Nach-Wahrnehmung unerkannten nichtbegrifflichen Erfahrung» noch subtiler als zuvor; es ist keine Zeit, Objekte zu erfahren, denn sie erscheinen illusionsartig, nur für ein Fingerschnippen und befreien sich in der Eigenluminosität (der absoluten Natur).

Da er nicht zu allen Zeiten die Eigenluminosität der nichtbegrifflichen wahren Natur erfährt, gibt es noch ganz subtile Spuren des «Makels schlechter Wiedergeburten». Sein meditatives Gleichgewicht ist makellos (*zag med*). Die Praxis während der Nach-Wahrnehmung, bestehend aus dem achtfachen noblen Weg, ist nicht makellos (*zag bcas*).

Große Nicht-Meditation

L 87

Alle (Formen von) dualistischem Bewußtsein haben sich in Ursprüngliches Bewußtsein verwandelt. Das Schwert des Ursprünglichen Bewußtseins hat den intellektuellen Schleier mitsamt dem «Makel schlechter Wiedergeburten» vollständig durchgeschnitten. Die Mutter-Luminosität des vollkommen reinen Dharmadhatu und die Kind-Luminosität des spiegelgleichen Ursprünglichen Bewußtseins haben sich vermischt; unübertreffliches Erwachen, die Vereinigung mit (dem Weg des) Nicht-Lernens ist verwirklicht. Meditatives Gleichgewicht und Nach-Meditation gibt es nicht mehr. Der Praktizierende ist in der ungeschaffenen, unveränderlichen Realität angekommen und hat den Dharmakaya zum eigenen Nutzen erlangt. Da die innere Dynamik der unveränderlichen Realität allseitig gereinigt ist, sind die beiden Formkörper zum Nutzen der anderen erreicht, mit denen er zum Wohl der Lebewesen handelt, bis Samsara geleert ist. Die vollkommene Erfüllung des Weges ist verwirklicht.

Auf der Stufe der Nicht-Meditation ist so gut wie kein Unterschied zwischen meditativem Gleichgewicht und Nach-Meditation auszumachen; man bewegt sich fast nie mehr aus dem meditativen Gleichgewicht heraus.

Der Praktizierende hat das Wesen von Nicht-Meditation erkannt, deren Kraft vollendet und ihre Qualitäten hervorgebracht, wenn er (über folgende Qualitäten verfügt):
Erfahrung ist rein, ohne daß er achtsam sein und meditieren müßte. Er ist frei von dem Bemühen, mit Achtsamkeit an seiner Gewißheit usw. festzuhalten; er ist zum «Ort der Erschöpfung», zur absoluten Realität, gelangt. Er haftet nicht mehr an der Realität der Erscheinungen. Von der mittleren Nicht-Meditation an ist er fähig, außergewöhnliche, makellose Wunderkräfte zu demonstrieren.

Ein-Geschmack und Nicht-Meditation unterscheiden sich darin, daß es (auf der Stufe von Ein-Geschmack) notwendig ist, sich an das illusionsartige Nach-Bewußtsein und die reine Achtsamkeit zu halten, (auf der Stufe der Nicht-Meditation) jedoch nicht.

Von der Stufe der Einfachheit an ist der wahren Natur nichts mehr hinzuzufügen.

Vergleich der 12 Yogas mit den Stufen und Wegen I

L 88

Werden diese – vier mal drei – zwölf Yogas (von Mahamudra) zu den (spirituellen Stufen und) Wegen* (des Paramitayana) in Beziehung gesetzt, so ergibt sich folgender Vergleich:

Einsgerichtetheit

Die kleine Einsgerichtetheit entspricht dem «Weg der Ansammlung» (*tshogs lam*).

Die mittlere Stufe: Wenn man durch Achtsamkeit eine Erfahrung wie von strahlend klarer Offenheit erfaßt – auch wenn dies nicht dauernd, sondern nur gelegentlich geschieht –, wird dies «Wärme» und «Gipfel»** des «Weges der Verbindung» (*sbyor lam*) genannt, denn (diese Erfahrung) ist ein Vorzeichen dafür, daß das Ursprüngliche Bewußtsein, (assoziiert mit) dem «Weg des Sehens» (*mthong lam*) beziehungsweise der Einfachheit, erscheinen wird. Im Gegensatz zu vorher, als man keine Erfahrung von Luminosität hatte, kommt hier die Luminosität der absoluten Natur ein klein wenig zum Vorschein, und wenn die (dualistische) Erfahrungsweise gereinigt ist, steht die Entfaltung von Erkenntnis nahe bevor.

Auf der großen (Einsgerichtetheit) ist diese Erfahrung fortwährend vorhanden. Alle Gedanken lösen sich in diesem Zustand auf; Tag und Nacht scheint eine (Erfahrung von) himmelsglei-

* In der Mahayana-Tradition wird die spirituelle Laufbahn anhand von *fünf Wegen* (*lam lnga*) beschrieben: 1. der Weg der Ansammlung, 2. der Weg der Verbindung, 3. der Weg des Sehens, 4. der Weg der Meditation, 5. der Weg des Nicht-Lernens oder der Vollendung.

** Auf dem «Weg der Verbindung» werden vier Stufen unterschieden: 1. Wärme (*drod*), 2. Gipfel (*rtse mo*), 3. Geduld (*bzod pa*), 4. Höchstes (weltliches) Verständnis (*chos mchog*).

cher, strahlend klarer Offenheit, und der Praktizierende glaubt, er sei auf der (Stufe der) Nicht-Meditation angekommen. Dies entspricht den Stufen «Geduld» und «Höchstes (weltliches) Verständnis» des «Weges der Verbindung». Wenn diese Erfahrung von Luminosität der absoluten Natur stabil und zur festen Gewohnheit geworden ist, dann ist dies das höchste auf dem weltlichen Weg erreichbare Verständnis; es geht der Erkenntnis des «Weges des Sehens» beziehungsweise der Einfachheit voraus.

Durch (die drei Stufen von Einsgerichtetheit) werden die zwölf Stufen des «Weges der Ansammlung» sowie die «vierfache Trennungslinie» (zwischen gewöhnlichen und erwachten Menschen, *nges 'byed cha mthun bzhi*), d. h. die vier Stufen des «Weges der Verbindung», erlangt.

Einfachheit

Kleine Stufe: Indem man voll Sehnsucht zum Lama betet und dafür sorgt, die vorherigen Erfahrungen zu zerstören, und alles, was auftaucht, frei von Haften in seiner ungeschaffenen Weite beläßt, werden diese Erfahrungen von Einsgerichtetheit gereinigt, und die (Erkenntnis von) Einfachheit erwacht. Gleichzeitig damit ist der «Weg des Sehens» erreicht. Die Erkenntnis, daß alle Dinge ohne Beginnen, Enden und Verweilen sind, bildet die Grundlage aller Qualitäten, und weil darüber eine außergewöhnliche Freude empfunden wird, heißt die erste Bodhisattva-Stufe «Höchste Freude».

Somit heißt es, daß unmittelbar mit dem Erreichen der kleinen Einfachheit der «Weg des Sehens» erlangt ist.

Mittlere Stufe: Wenn der Praktizierende erkannt hat, daß alle Phänomene frei von Begriffen (*spros bral*) sind und die gestörten Emotionen – auf dem Weg der Meditation aufzugebende Makel (*sgom spang gi dri ma*) – gereinigt sind, hat er den «Weg der Meditation» (*sgom lam*) und die zweite Bodhisattva-Stufe, «Makellos», erreicht.

Wenn durch das Segenslicht des Lamas offensichtlich wurde, daß der Geist von jeher ohne Beginnen und Enden ist, ist die dritte Bodhisattva-Stufe, «Leuchtend», erreicht.

Wenn aufgrund der Erkenntnis der Wurzellosigkeit (des Geistes) alle Buddha-Qualitäten auftauchen und er zum Wohl der Lebewesen wirkt, hat er die vierte Bodhisattva-Stufe, «Lichtverbreiter», erreicht.

Wenn durch die Erkenntnis der Einheit von Offenheit und Mitgefühl alle schwer zu reinigenden Makel gewohnheitsbedingter Tendenzen gereinigt sind, hat er die fünfte Bodhisattva-Stufe, «Schwer zu Reinigen», erreicht.

Große Einfachheit: Wenn durch gereifte Erkenntnis die Ursprungslosigkeit sowohl von Samsara als auch Nirvana offenbar wurde, ist die sechste Bodhisattva-Stufe, «Offenbarung», erreicht.

Ein-Geschmack

Die Erfahrung der kleinen Stufe von Ein-Geschmack ist entstanden, wenn sich alles – selbst und andere, Samsara und Nirvana – zu einem Geschmack vermischt. Durch diese Erkenntnis der Einheit hat der Praktizierende sich von der Stufe der Sravakas und Pratyekas, die nur am Aspekt der Offenheit festhalten, weit entfernt beziehungsweise ist darüber hinausgegangen. Da somit das Verbindungsglied zur achten Stufe des Weges hergestellt ist, heißt die siebte Bodhisattva-Stufe «Weitgegangen».

Mittlere Stufe: Wenn der Praktizierende das Haften an Subjekt und Objekt an der Wurzel durchschneidet und alle dualistischen Phänomene als selbst-leuchtende, unveränderliche Realität erfährt, bewegt ihn keine Vorstellung von Getrenntheit mehr und er hat die achte Bodhisattva-Stufe, «Unerschütterlich», erreicht.

Großer Ein-Geschmack: Wenn die Nach-Erscheinungen wie Illusionen im Geist erscheinen und die Erkenntnis der Einheit zur Gewohnheit geworden ist, entsteht die ganze Fülle vortrefflicher Qualitäten, wie die «Vier Arten von Unterscheidender Wahrnehmung» sowie andere höchste meditative Qualitäten, und die neunte Bodhisattva-Stufe, «Vortreffliche Intelligenz», ist erreicht.

Nicht-Meditation

Auf der Stufe der kleinen Nicht-Meditation realisiert der Praktizierende, daß es nichts zu meditieren und keinen Meditierenden gibt, und alle großen Buddha-Qualitäten entfalten sich wie Wolken-Ansammlungen; damit ist der Anfang der zehnten Bodhisattva-Stufe, «Dharmawolken», erreicht.

Mittlere Nicht-Meditation: Der Praktizierende hat die Stufe der selbst-existierenden Perfektion erlangt, und der intellektuelle Schleier ist von Grund auf gereinigt. Damit ist der «Besondere Weg», das äußerste Ende innerhalb der zehnten Bodhisattva-Stufe, erreicht.

Große Stufe: Wenn die «Makel schlechter Wiedergeburten», d. h. das augenblickliche Nicht-Erkennen der nicht-begrifflichen wahren Natur, sowie alles, was aufzugeben war, beseitigt ist und alles, was es zu verstehen gab, verstanden wird und die Mutter- und Kind-Luminositäten sich zu einem vermischt haben, ist die große Nicht-Meditation im Bewußtseinsstrom entstanden; damit ist das Ende des Weges erreicht, die elfte spirituelle Stufe «Alles Licht», die vollkommene Buddhaschaft.

Ein allgemeiner Vergleich mit den Bodhisattva-Stufen lehrt folgende Entsprechung: Die drei Stufen von Einsgerichtetheit entsprechen den Wegen der Ansammlung und der Verbindung. Die drei Stufen von Einfachheit entsprechen den sieben Faktoren des Erwachens, dem Weg des Sehens und der ersten

Bodhisattva-Stufe «Höchste Freude». Ein-Geschmack entspricht dem Weg der Meditation, dem achtfachen Weg der Erleuchtung und der neunten Bodhisattva-Stufe. Nicht-Meditation entspricht dem Weg der Vollendung und der elften spirituellen Stufe «Alles Licht».

Theoretiker könnten einwenden: Wenn das Erreichen des Weges des Sehens und die Erkenntnis von Einfachheit zeitlich zusammenfallen, wie kommt es dann, daß man (im letzteren Fall) die 1200 Qualitäten nicht vorweisen kann. Nun, das macht nichts, die Qualitäten kommen allmählich mit zunehmender Übung zum Vorschein.

Schang Rinpoche:

> «Auch wenn mit dem Sehen der Natur des Geistes
> Das Leiden nicht sofort überwunden ist
> Und die Qualitäten nicht gleich kraftvoll zutage treten,
> Wer könnte behaupten, es sei nicht echt!
> Auch wenn die Sonne mit dem Aufgehen
> Nicht gleich das Eis schmelzen kann
> Und Erde und Felsen sich nicht sofort erwärmen,
> Wer würde deshalb behaupten, daß die Sonne nicht scheint!
> Die Reihenfolge der Stufen und Wege
> Und ihre jeweiligen Wärmezeichen
> Lehrte der Buddha in versteckter Absicht,
> Als Behelf für Schüler des schrittweisen Weges.
> Nur Toren haften an diesen einseitigen Teilaspekten.
> (Die Vielfalt) der Fähigkeiten von Schülern ist unvorstellbar,
> (Deshalb) sind Buddhas Lehren unergründlich.
> Auch wenn die eigenen Vorstellungen vom Dharma
> Damit nicht übereinstimmen,
> Solltest du sie nicht mißachten und ablehnen.
> Wünsche dir, sie eines Tages verstehen zu können!»

Götzangpa:

«Im übrigen gibt es in dieser Welt der Erscheinungen ein Paradox, das nicht in die Köpfe von euch Logikern paßt. Die 1200 Qualitäten existieren nur in der Wahrnehmung von Realisierten. Außer für Menschen, deren Wahrnehmung in karmisch bedingter Übereinstimmung mit der ihren ist, sind sie nicht offensichtlich. Ebenso ist es mit der unbegreiflichen Fähigkeit, Emanationen zu manifestieren.»

Orgyenpa:

«‹Einfachheit dem Weg des Sehens gleichzusetzen ist ein Widerspruch, da die 1200 Qualitäten (bei ersterer) nicht vorhanden sind› (behaupten manche). Nun, so definitiv ist dies alles nicht. Denn auch aus den (Schriften des Weges der) Merkmale* geht hervor, daß die 1200 Qualitäten des Weges des Sehens nicht allen Schülern – sowohl den reinen als auch den unreinen – gezeigt werden können. Den Paramitayana-Schriften zufolge werden zum Zeitpunkt des Weges des Sehens viele Wärmezeichen von Qualitäten durch die Kraft der Reinigung auf den weltlichen Wegen (der Ansammlung und der Verbindung) erlangt.

Hier (auf dem Mahamudra-Weg) wird aufgrund der tiefgründigen Kerninstruktionen sowie durch Hingabe zum Lama der Weg machtvoll durchschritten. Auch wenn die Wärmezeichen nicht offensichtlich hervortreten, bedeutet dies nicht, daß jemand nicht (erfolgreich) auf dem Weg ist; doch ist es auch nicht ausgeschlossen, daß reinen Schülern die Wärmezeichen gezeigt werden können. Der (Fortschritt auf dem) spirituellen Weg läßt sich somit nicht daran messen, ob Wärmezeichen vorhanden sind oder nicht und

* Weg der Merkmale (*mtshan nyid kyi lam*) bezieht sich auf den nichttantrischen Weg, der in den Vinaya-, Sutra- und Abhidharma-Schriften gelehrt wird.

ob sie von großer oder geringer Intensität sind. Wäre dies (das Kriterium), dann könnte ein Praktizierender des Paramitayana keinen Bruchteil der Qualitäten des Anuttara-Tantra-Weges haben, und der Weg der Merkmale wäre nutzlos für (das Erreichen der) Stufen und Wege. Die Unterschiede zwischen dem schrittweisen Weg der vier Yogas (von Mahamudra) und den Stufen und Wegen des Paramitayana werden durch diese Erklärungen vereinbar.»

Dies alles muß genauso in die Praxis umgesetzt werden, wie es hier und anderswo ausführlich beschrieben ist. Wer seine Zeit einzig und allein mit zweifelndem und skeptischem Analysieren verbringt, wird nie zum Kern der Praxis vorstoßen. Theoretiker und Logiker mit ihren Sandkastenspielen bleiben deshalb im Dunkel der Täuschung sitzen.

Ferner gilt es, die Beziehung (der zwölf Yogas) zu den zehn Paramitas zu kennen: Auf der kleinen Einfachheit, der (ersten) Bodhisattva-Stufe «Höchste Freude», sollte man das Paramita der Freigebigkeit praktizieren und erlernen (und auf den folgenden Stufen die folgenden Paramitas) bis zur mittleren Nicht-Meditation, wo man das Paramita des Ursprünglichen Bewußtseins praktizieren und erlernen sollte.

Vergleich der 12 Yogas mit den Stufen und Wegen II

L 89

Als Meister *Götzangpa* die Beziehung zwischen den zwölf Yogas und den Stufen und Wegen erklärte, hatte er zwar noch nicht die vollendete Erkenntnis erlangt, doch kann respektvoll angenommen werden, daß seine Annahmen in etwa zutreffen. Hier folgen Auszüge aus Aufzeichnungen, die einige seiner authentischen Schüler angefertigt haben:

«Die Qualitäten und die Praxis der kleinen Einsgerichtetheit werden den zwölf Stufen des Weges der Ansammlung zugerechnet...

Auf der mittleren Einsgerichtetheit hat sich die Erfahrung stabilisiert. Wenn die Erfahrung von himmelsgleicher, strahlend klarer Offenheit bei Achtsamkeit fortwährend, und selbst ohne Achtsamkeit gelegentlich erscheint, spricht man von ‹Wärme› und ‹Gipfel›...

Auf der großen Einsgerichtetheit ist die Erfahrung ununterbrochen. Alles begriffliche Denken hat sich in dieser Erfahrung aufgelöst. Tag und Nacht scheint eine klare Offenheit, wie die Himmelsmitte. Man glaubt, den Yoga der Nicht-Meditation erreicht zu haben und nimmt den Lama als wirklichen Buddha wahr. Wenn bedingte außersinnliche Wahrnehmungen und alle anderen weltlichen Fähigkeiten sich einstellen, wird dies ‹Geduld› und ‹Höchstes (weltliches) Verständnis› genannt...

Der Weg des Sehens beginnt unmittelbar in dem Augenblick, wo Einfachheit, frei von Begriffen, zuerst erscheint. Von hier an bis zur Stufe der mittleren Nicht-Meditation geht der Weg der Meditation...

Die erste Erkenntnis von Einfachheit besteht darin, zu verstehen, daß alle Phänomene ohne Beginnen, Enden und Verweilen sind. Dies ist die Basis aller Qualitäten. Weil darüber eine außerordentliche Freude entsteht, wird die erste Bodhisattva-Stufe ‹Höchste Freude› genannt...

Durch die Erkenntnis, daß alle Phänomene frei von Begriffen sind, werden die gestörten Emotionen – auf dem Weg der Meditation aufzugebende Makel – gereinigt; deshalb heißt die zweite Bodhisattva-Stufe ‹Makellos›...

Wenn sich durch den Segen des Lamas offenbart, daß der Geist seit jeher ohne Beginnen und Enden ist, entspricht dies der dritten Bodhisattva-Stufe ‹Leuchtend› . . .

Aus dem Verständnis der Wurzellosigkeit entspringen alle großen Buddha-Qualitäten, die zum Wohl der Lebewesen wirken; die vierte Bodhisattva-Stufe heißt daher ‹Lichtverbreiter› . . .

Da hier alle schwer zu reinigenden Makel der gewohnheitsbedingten Tendenzen gereinigt sind, heißt die fünfte Bodhisattva-Stufe ‹Schwer zu Reinigen› . . .

Da auf der großen Einfachheit die Ursprungslosigkeit, sowohl von Samsara als auch Nirvana, durch die gereifte Erkenntnis offenbar wird, heißt die sechste Bodhisattva-Stufe ‹Offenbarung›. Die Trennungslinie zwischen unreinen und reinen (Bodhisattva-Stufen) auf dem Weg der Meditation ist die mittlere Einfachheit. In der Gliederung der Bodhisattva-Stufen ist es die siebte Stufe, ‹Weitgegangen› . . .

Im System der Bodhisattva-Stufen ist die achte Stufe ‹Unerschütterlich›; der Dharma-Meister sprach: ‹Ein-Geschmack ist die achte Bodhisattva-Stufe› . . .

Es heißt, der große Ein-Geschmack bezieht sich auf die ‹subtile Illusion›; dies entspricht der Vervollkommnung der neunten Bodhisattva-Stufe und ist der unmittelbare Beginn der zehnten. Obwohl es heißt, der eine Geschmack der Vielfalt sei die Erkenntnis der zehnten Stufe, ist es in Wirklichkeit die neunte, nur mit dem Namen der zehnten versehen . . .

Da zum Zeitpunkt der ersten Erkenntnis von Nicht-Meditation alle großen Buddha-Qualitäten sich wie Wolken versammeln, heißt die zehnte Bodhisattva-Stufe ‹Dharmawolken› . . .

Mit dem Erreichen der Stufe der selbst-existierenden Perfektion auf der mittleren Nicht-Meditation wird die Erfahrung von vorher stabilisiert. Die Befreiung alles Aufsteigenden in Eigen-Luminosität wird der ‹Besondere Weg am Ende der zehnten Stufe› genannt . . .

Auf der großen Nicht-Meditation haben sich die Mutter- und Kind-Luminositäten vermischt, und es gibt keinen (Unterschied mehr zwischen) meditativem Gleichgewicht und Nach-Meditation. Die ungeschaffene, unveränderliche Realität ist erreicht und damit der Dharmakaya zum eigenen Nutzen. Da die innere Dynamik der unveränderlichen Realität allseitig gereinigt ist, sind die beiden Formkörper zum Nutzen der anderen erreicht, die zum Wohl der Lebewesen wirken, bis Samsara geleert ist. Dies wird die elfte spirituelle Stufe, ‹Alles Licht› genannt. Der Dharma-Meister erklärt: ‹Nicht-Meditation ist die elfte spirituelle Stufe und der Weg der Vollendung.› Sie entspricht somit dem Weg der Vollendung im System der Fünf Wege.»

In dieser Art hat Meister Götzangpa die Stufen einander zugeordnet. Jedoch ist es schwierig, völlige Übereinstimmung mit dem Paramitayana-Weg der *Tigu Threng*-Tradition zu erreichen. Es macht aber nichts, wenn sich die beiden Wege nicht genau decken, denn zwischen ihnen besteht auch insofern ein Unterschied, als hier (auf dem Mahamudra-Weg) – sofern die richtige Verbindung vorhanden ist – Buddhaschaft in einem einzigen Leben, in einem Körper erlangt wird, während im Paramitayana drei zahllose Kalpas benötigt werden.

Götzangpa hat mehrere Erklärungen gegeben, eine davon ist wie folgt: Das Ansammeln von Verdienst entspricht dem Weg der Ansammlung und der Anfängerstufe. Einsgerichtetheit entspricht dem Weg der Verbindung und der Stufe des «Interessierten Verhaltens». Einfachheit entspricht dem Weg des Sehens und der ersten Bodhisattva-Stufe, Ein-Geschmack entspricht den Bodhisattva-Stufen zwei bis sieben. Die kleine und mittlere Nicht-Meditation entsprechen den übrigen drei Bodhisattva-Stufen, und alle zusammen (2 bis 10) entsprechen dem Weg der Meditation. Die große Nicht-Meditation entspricht dem Weg der Vollendung, der Buddha-Stufe.

Manche unterscheiden bei den zwölf Yogas zwischen Erfahrungen und Erkenntnissen und kommen so auf 24 Stufen:
Die zwölf Yogas der Erfahrungen entsprechen dem Weg der Verbindung. Von den zwölf Yogas der Erkenntnisse entsprechen die drei Stufen von Einsgerichtetheit den ersten drei Bodhisattva-Stufen; die drei Stufen von Einfachheit entsprechen der vierten, fünften und sechsten Bodhisattva-Stufe; die drei Stufen von Ein-Geschmack entsprechen der siebten, achten und neunten Bodhisattva-Stufe, und die drei Stufen von Nicht-Meditation entsprechen den Stufen zehn bis zwölf.

Andere wiederum setzen die Zeit vom ersten Betreten des Weges bis zu den drei Stufen von Einsgerichtetheit dem Weg der Ansammlung und der Anfängerstufe gleich. Die drei Stufen von Einfachheit entsprechen hier dem Weg der Verbindung und der Stufe des Interessierten Verhaltens. Die drei Stufen von Ein-Geschmack und die kleine und mittlere Nicht-Meditation entsprechen den Wegen des Sehens und der Meditation bis zur zehnten Bodhisattva-Stufe, und die große Nicht-Meditation kommt dem Weg der Vollendung und der Buddhaschaft gleich. Auch dies ist gut, denn sie erklären:
Zum Zeitpunkt der großen Einfachheit hat man doch nicht ganz die Erkenntnis der Vereinigung, den gleichwertigen Geschmack erlangt, und ohne dies hat man den wirklichen Sinn der absoluten Natur noch nicht verstanden. Deshalb ist es nicht ganz zufriedenstellend, Einfachheit mit der ersten Bodhisattva-Stufe und dem Weg des Sehens gleichzusetzen. Diejenigen, die dies früher so erklärten, dachten eher an jemanden, der Ein-

fachheit vollendet und somit bereits alles Haften an meditative Erfahrungen wie Offenheit usw. gereinigt hat und die Erkenntnis der Vereinigung, den gleichwertigen Geschmack, erfährt. Sie sind der Ansicht, daß die heute übliche Erklärungsweise, wonach die kleine und mittlere Einfachheit dem Weg des Sehens entsprechen soll, schwerlich mit der Erfahrungsweise der Bodhisattva-Stufen übereinstimmt.

Praktizierende sollten dies prüfen und den eigenen Erfahrungen entsprechend verstehen. Nichtsdestoweniger wird meistens Einsgerichtetheit den Wegen der Ansammlung und der Verbindung gleichgesetzt, Einfachheit dem Weg des Sehens, Ein-Geschmack bis zur mittleren Nicht-Meditation dem Weg der Meditation und die große Nicht-Meditation der Buddha-Stufe.

Schang Rinpoche:

> «Das klare Erscheinen von Erkenntnis
> Ist der Weg des Sehens, die Stufe ‹Höchste Freude›.
> Mit der Erkenntnis vom gleichwertigen Geschmack
> Vertraut zu werden, ist der Weg der Meditation.
> Wenn es nichts mehr zu meditieren gibt,
> Ist dies der Weg der Vollendung.»

Aus *Götzangpas Remigma:*

> «Die Bemessung der fünf Wege und der zehn Bodhisattva-Stufen: Einsgerichtetheit entspricht den zwölf Stufen des Weges der Ansammlung und der ‹vierfachen Trennungslinie› (die gewöhnliche von erwachten Menschen unterscheidet) des Weges der Verbindung. Auf Einfachheit wird der Weg des Sehens erreicht, die sieben Faktoren der Erleuchtung und die erste Bodhisattva-Stufe ‹Höchste Freude›. Auf Ein-Geschmack wird der Weg der Meditation erreicht, der achtfache Weg der Erleuchtung bis zur neunten Bodhisattva-Stufe. Auf Nicht-Meditation dringt man zum Weg der Vollendung vor, der elften Stufe ‹Alles Licht›.»

Siddha *Ling*:

«Einsgerichtetheit ist der Weg der Verbindung.
Entsteht ein wenig Gewißheit, ist dies ‹Wärme›.
Wenn dies zunimmt, ‹Gipfel›.
Keine Angst vor der Nicht-Existenz des Geistes
zu haben ist ‹Geduld›.
Einsgerichtetheit
ist ‹Höchstes (weltliches) Verständnis›.
Einfachheit ist der Weg des Sehens.
Der eine Geschmack der Vielfalt erscheint
Mit den Erkenntnissen der zehn Bodhisattva-Stufen.
Nicht-Meditation ist die elfte Stufe,
der Weg der Vollendung.»

Gyaräpa erklärt:

«Stufen sind eigentlich für den Weg nicht nötig.
Werden sie trotzdem erklärt, dann wie folgt:
Das Opfern von Mandalas
entspricht dem Weg der Ansammlung.
Das Erscheinen von Erfahrungen
entspricht dem Weg der Verbindung.
Die Geburt von Erkenntnis
entspricht dem Weg der Meditation.
Ein-Geschmack entspricht der achten Bodhisattva-Stufe.
Nicht-Meditation entspricht der elften Stufe,
dem Weg der Vollendung.»

Es gibt zahlreiche solcher Beschreibungen.

In den alten Unterweisungsmanualen authentischer Herkunft werden folgende Themen ausführlich beschrieben: die Essenz der vier Yogas sowie die Methoden (zum Praktizieren) des meditativen Gleichgewichts, des Nach-Bewußtseins, der Nach-Erscheinungen und der Nach-Meditation; die Darlegung dessen, was aufzugeben ist, sowie des Maßstabs für die Vollendung der Qualitäten und die Erkenntnis des Wesens einer jeden

Stufe; das Weiterentwickeln der Praxis und die Beseitigung von Hindernissen; die Unterschiede zwischen den kleinen, mittleren und großen Stufen der vier Yogas; das Beseitigen der beiden Schleier und das Durchlaufen der Stufen und Wege. Diese Themen werden deshalb hier nicht abgehandelt. Lest jene Texte und befolgt die Anweisungen, was zu tun und zu lassen ist.

In der persönlichen Erfahrung des Praktizierenden stellt sich das wie folgt dar:
Wenn der Geist einsgerichtet in reiner Klarheit, frei von begrifflichem Denken verweilt, ohne anderswohin abzuschweifen, oder wenn er im Strom der Einheit von Geistiger Ruhe und Intuitiver Einsicht verweilt, so ist dies Einsgerichtetheit.

Wenn der Geist vollkommen klar erfährt, daß seine eigene wahre Natur ursprungslos ist und er selbst frei von den Begriffen der drei Bestandteile von Handlung (Subjekt, Objekt und Interaktion) ist, so entspricht dies Einfachheit, frei von Begriffen.

Wenn Wahrnehmungen vielfältig erscheinen und dennoch in der wahren Natur des Geistes einen einzigen Geschmack haben und alle dualistischen Gegensatzpaare wie «selbst und andere», «Samsara und Nirvana» zu einem Geschmack geworden sind, so ist dies Ein-Geschmack.

Wenn die Natur des eigenen Geistes – gründlich auf ihre Existenz oder Nicht-Existenz erforscht – als vollkommene Luminosität erfahren wird, in der es keine Spur einer Meditation und eines Meditierenden gibt, wird dies als Yoga der Nicht-Meditation bezeichnet.

Somit sollten wir unseren Geist daraufhin erforschen, ob unsere gegenwärtige Praxis auf der Stufe der Einsgerichtetheit ist oder anderswo und ob sie innerhalb der Einsgerichtetheit auf der kleinen, mittleren oder großen Stufe ist. Falls sie auf einer unteren Stufe ist, sollten wir alles daransetzen, sie allmählich auf immer höhere Stufen anzuheben.

Die wichtigsten Methoden, um Erfahrungen und Erkenntnisse weiter zu entwickeln, sind innere Losgelöstheit und Entsagung, Liebe und Mitgefühl und insbesondere die Kraft des ständigen, aufrichtigen Betens in der Gewißheit, daß der Lama ein Buddha ist. Wenn wir dies verstanden haben, sollten wir unermüdlich zum Lama beten. Weiterhin ist es notwendig, daß wir uns eifrig bemühen in den Methoden zum Weiterentwickeln der Praxis, zur Beseitigung von Hindernissen sowie in den Methoden der Visualisation und des Rituals.

Hiermit habe ich das Durchlaufen des spirituellen Weges anhand der zwölf Yogas beschrieben. Ich habe mich auf das Wesentliche beschränkt und auf ausführliche Belege durch Zitate verzichtet. Studiert sorgfältig die Schriften der frühen Kagyüpas und andere Texte, wo in allen Einzelheiten dargelegt wird, wie verwirklichte Meister gemäß ihrer eigenen Erkenntnis geeignete Schüler gelehrt haben.

Bei ausführlichem Vorgehen gibt es für jede der kleinen, mittleren und großen Stufen der vier Yogas eine Lektion; dann war dies die 89. Lektion. Es ist auch in Ordnung, alle vier Yogas zu einer Lektion zusammenzufassen.

DIE FRUCHT VERWIRKLICHEN

L 90

Hat der Praktizierende die – drei mal vier – zwölf Yogas in der beschriebenen Weise korrekt im eigenen Geist erfahren und die Stufe der Nicht-Meditation vollendet, dann ist vollkommene Buddhaschaft erreicht.

Durch die Vervollkommnung der Einheit von Geistiger Ruhe und Intuitiver Einsicht hinsichtlich der Basis, wo die offene Dimension und das Ursprüngliche Bewußtsein den gleichen Geschmack haben, ist die zweifache Frucht – der Dharmakaya und die beiden Formkörper – verwirklicht.

Dharmakaya bedeutet die Erkenntnis der wahren Natur in Intuitiver Einsicht bzw. die Vollendung der Frucht der nichtbegrifflichen Natur. Die (beiden) Formkörper entstehen aus der Verwirklichung der illusionsgleichen tiefen Meditation bzw. aus jenem Aspekt von Weisheit, der alle Dinge in ihrer relativen Vielfalt versteht. Der Dharmakaya ist frei von allen Begriffen; das Handeln zum Wohl der Lebewesen – in für sie geeigneten reinen oder unreinen Formen – geschieht mittels der Formkörper. So ist es möglich, drei beziehungsweise vier Körper zu unterscheiden.

Ohne sich aus dem Dharmakaya, der dem eigenen Nutzen dient, herauszubewegen, erfüllen die beiden Formkörper, die dem Nutzen anderer dienen, das Wohl der Lebewesen. Daraus erwächst mit Hilfe der vier Wirkungskräfte* der immens ausgedehnte, allumfassende Nutzen für Lebewesen.

Was den Handelnden selbst anbelangt, so wird durch diese Wirkungskräfte dessen Eigenwohl vollkommen erfüllt. Was die Objekte der Handlung, die Lebewesen, anbelangt, so wird durch diese Wirkungskräfte ununterbrochen deren Wohl vollbracht, bis Samsara geleert ist. Mit Hilfe dieser Wirkungskräfte

* Die vier Wirkungskräfte (*phrin las bzhi*): befriedend (*zhi ba*), bereichernd (*rgyas pa*), kontrollierend (*dbang ba*) und zornvoll (*drag po*).

werden die Menschen, ihrer Kapazität entsprechend, Schritt für Schritt auf dem Weg geführt und in den hervorragenden Methoden angeleitet, um in einem einzigen Leben und in einem Körper, auf ein- und demselben Meditationssitz, die unwandelbare Natur von Mahamudra, das gleichzeitig entstehende Ursprüngliche Bewußtsein mit den Eigenschaften der drei Buddha-Körper und den fünf Facetten des Ursprünglichen Bewußtseins, zu verwirklichen. Dadurch werden im Bewußtseinsstrom der Schüler mühelos höchste und gewöhnliche Siddhis hervorgebracht, das Ursprüngliche Bewußtsein von Mahamudra wird realisiert und die Stufe der vollkommenen Buddhaschaft verwirklicht. Damit wird jene höchste Macht erlangt, die dazu befähigt, mit Hilfe der vier Wirkungskräfte alle Lebewesen auf dem Weg der spirituellen Reifung und Befreiung zu etablieren.

Da die detaillierte Behandlung der Buddha-Körper und Wirkungskräfte in der früheren Literatur und anderswo zu finden ist, wird hier nicht weiter darauf eingegangen.

Hiermit endet diese Abhandlung über die Unterweisungen und Praxis-Methoden der gleichzeitig entstehenden Einheit von Mahamudra, mittels *Vorübungen*, *Hauptpraxis* und *Vertiefung der Praxis*.

ERGÄNZENDE AUSFÜHRUNGEN

Weitere Erklärungen zur Bedeutung von
«Mahamudra, der gleichzeitig entstehenden Einheit»

Die wahre Natur identifizieren

*

Unterteilung

*

Begriffserklärung

*

Der Unterschied zwischen Mahamudra
und gleichzeitig entstehender Einheit

*

Die Frucht des Praktizierens

Die wahre Natur identifizieren

L 91

Allgemein gesprochen beziehen sich die Begriffe Mahamudra (*phyag rgya chen po*), die Große Mitte (*d.u ma chen po*), die Große Vollendung (*rdzogs pa chen po*), Transzendentale Weisheit (*shes rab pha rol du phyin pa*) usw. trotz unterschiedlicher Namen auf ein und dieselbe unteilbare Essenz.

Das Wesen von Mahamudra ist unaussprechlich und gänzlich ungreifbar. Dennoch kann man sich mit Hilfe von Worten über den eigentlichen Sinn klarwerden, ähnlich wie man mit dem Finger zum Mond zeigen kann. Auf diese Weise ist es möglich, mittels relativer Methoden die absolute Weisheit zu realisieren, denn es heißt:

> «Wer sich nicht auf das Relative stützt,
> Wird das Absolute nicht verstehen.»

Was unter *Mahamudra* verstanden wird
Ist ohne Beginnen, Enden und Verweilen,
unvorstellbare und seit jeher selbst-vervollkommnete Basis.
Es ist nicht aus Analysen entsprungen
und übersteigt Objektivierung durch Worte und Denken.
Es ist frei von den vier Extremen,
von Existenz und Nicht-Existenz,
Offenheit und Nicht-Offenheit.
Es ist frei von allen Begrenzungen,
Frei von Hoffnung und Furcht.
Es ist zu allen Zeiten unveränderlich
und jenseits von Gut und Böse.
Alldurchdringend und alles transzendierend,
hat es niemals existiert und niemals nicht existiert.
Es ist frei von Erscheinung und Offenheit,
Ewigkeitsglaube und Nihilismus,
Täuschung und Befreiung.
Weder von Buddhas erschaffen

noch von gewöhnlichen Sterblichen fabriziert,
ist es frei von Voreingenommenheit und Einseitigkeit.
Unverändert durch Farbe, unvermischt mit Gestalt,
ist es natürliche Meditation,
in sich rein von Fehlern,
vervollkommnet mit Qualitäten,
seit jeher ohne Begrenzung.
Innewohnende Präsenz der drei Buddha-Körper,
Vortrefflichste Entsagung und Erkenntnis,
ist es die Fülle der zwei Weisheiten.
Die unwandelbare Natur, in der alle Dinge verweilen,
wo Samsara und Nirvana nicht in zwei gespalten sind,
ist unmöglich mit dem Intellekt zu fabrizieren,
mit Begriffen zu erfassen.
Manifestierend – doch offen, offen – doch manifestierend,
Vielfältig erscheinend,
und doch nicht im geringsten existierend,
durchdringt es alle Phänomene in der Erscheinungswelt
von Samsara und Nirvana.
Als nicht-dualistisches Ursprüngliches Bewußtsein
ist es ununterbrochen,
absolute Realität wie der Himmelsraum,
strahlend klare Offenheit, frei von Begriffen,
Glück und Offenheit untrennbar.
Es ist die höchste Form der Offenheit,
die ursprüngliche, unwandelbare Natur,
die absolute Dimension aller Dinge.
Das ist Mahamudra!

Zahlreiche Passagen in den buddhistischen Schriftensammlungen der Tripitaka und der Tantras sowie in den Kernbelehrungen der Meister belegen dies, doch aus Angst vor allzu vielen Worten zitiere ich sie hier nicht.

«Aber wenn ich Mahamudra nicht begreife, kann ich es doch nicht praktizieren. Gibt es denn keinen Fingerzeig, der zum eigentlichen Kern hindeutet?»

Im wesentlichen Kern ist es der eigene Geist, der an alles mögliche denkt – mal klar und bewußt, mal verworren – unbeeinflußt von zusätzlichem Kommentieren. Es ist ganz einfach der sogenannte «ursprüngliche Geist», «das normale Bewußtsein» – etwas anderes braucht ihr nicht zu suchen!
Dhagpo Rinpoche drückt es so aus:

«Genau dieses ‹normale Bewußtsein› ist das nicht-dualistische Ursprüngliche Bewußtsein, der ungeschaffene, absolute Buddha-Geist. Darüber hinaus gibt es nicht das geringste zu meditieren – nicht einmal über Qualitäten wie Nicht-Denken usw.

Es ist so einfach! Es ist bei mir, ich brauche es nicht woanders zu suchen. Es ist das, was sagt «mein Geist, mein Geist». Es hängt nicht von allen möglichen Merkmalen ab. Die ungeschaffene Natur ist nichts weiter als diese Eigen-Luminosität – klar und strahlend.»

Schang Rinpoche:

«Der berühmte Name ‹Dharmakaya-Mahamudra› bezieht sich auf den eigenen Geist. Wenn wir die Natur des Geistes nicht erkennen, dann ist es jene rege, vielfältige geistige Aktivität, die ständig denkt «mein Geist, mein Geist». Sämtliche Phänomene von Samsara und Nirvana gehen darüber nicht hinaus. Genau dies ist die Essenz aller buddhistischen Schriftensammlungen von Tripitaka und Tantras.»

Götzangpa:

«Was es ist? Das gegenwärtige ‹normale Bewußtsein›, seit jeher frei von Haften an Dinglichkeit und frei von Haften an Offenheit. Das ist der direkte Fingerzeig auf Mahamudra. Darin gibt es zwar vielerlei Wahrnehmungen, doch gehen sie alle nicht über dieses einzige, natürliche, ungekünstelte Bewußtsein hinaus.»

Orgyenpa:

»Woanders als im gegenwärtigen Geist gibt es keinen Buddha zu suchen, der besser wäre. Er ist seit jeher als selbstvervollkommneter Dharmakaya in der unwandelbaren Natur des Geistes vorhanden.»

Sambhuti-Tantra:

«Alle äußeren und inneren Phänomene
Sind im Geist eingebunden.
Sind nur im Geist
und existieren sonst nirgendwo.»

Gyalwa Yangönpa:

«Manche erklären *tschag gja tschen po* (Mahamudra) wie folgt: *tschag* steht für Erscheinungen, *gja* für Offenheit und *tschen po* für die Einheit (der beiden). Dies ist die Terminologie von *Dharmamudra*, nicht von Mahamudra. Alle Begriffe von Klarheit-Offenheit sind die Sprache von *Samayamudra.* Die Begriffe von Glück-Offenheit gehören zur Terminologie von *Karmamudra.*

Mahamudra, so wie es vom großen Brahmanen Saraha erklärt wird, ist frei von den drei Bedingungen, ist jenseits der vier Freuden und der Luminosität überlegen. Seiner Erklärung zufolge hängt Mahamudra nicht von der Bedingung von Glück ab, ist unabhängig von der Bedingung der Klarheit und nicht abhängig von der Bedingung des Nicht-Denkens. Mahamudra ist somit frei von den drei Bedingungen . . .

Mahamudra kann weder vom Lama gezeigt noch vom Schüler begriffen werden und ist weder von Erfahrungen verunreinigt, noch von Gewißheit verdorben. Es ist weder in Sichtweise, Meditation und Verhalten getrennt, noch in Basis, Weg und Frucht geteilt. Die Phänomene in der

Erscheinungswelt von Samsara und Nirvana werden weder beseitigt noch etabliert, weder gebunden noch befreit. Sie in ihrer eigenen Natur zu erkennen und sich von selbst befreien zu lassen, ohne daß man irgendein Gegenmittel anwendet, dies wird Mahamudra genannt.»

Ritrö Wangtschug:

> «Alle Phänomene sind im eigenen Geist,
> Woanders als im Geist gibt es keine Phänomene,
> Nicht einmal ein Staubkorn.»

Unterteilung

Die verschiedenen Möglichkeiten, Mahamudra zu unterteilen, können gar nicht alle aufgezählt werden; doch zusammengefaßt gibt es drei Aspekte:

Basis-Mahamudra (L 92)
Weg-Mahamudra (L 93–94)
Frucht-Mahamudra (L 95)

Basis-Mahamudra

L 92

Wie zuvor erklärt wurde, ist der nicht-dualistische Buddha-Geist, den erwachte Menschen verstehen und verwirklichen, die wahrhaftige Natur der drei samsarischen Daseinsbereiche, die ursprüngliche, unwandelbare Natur aller Phänomene, das gleichzeitig entstehende Ursprüngliche Bewußtsein, die all-durchdringende Basis; er existiert in allen Lebewesen, vom kleinsten Insekt bis zum Buddha, als reine Natur jenseits von Gut und Böse, Groß und Klein.

Samsara und Nirvana entspringen aus dem Nicht-Erkennen beziehungsweise Erkennen dieser Realität der unwandelbaren Natur des Dharmakaya. Wenn wir sie erkannt haben, ist es durchaus angebracht, sie als *Mahamudra* zu bezeichnen: *Mudra* (Symbol), weil es, abgesehen von dieser Basis der nicht begrifflichen absoluten Realität, keinen Schöpfer der Erscheinungswelten von Samsara und Nirvana gibt, und *Maha* (Groß), weil es darüber hinaus keinen noch besseren Dharmakaya zu suchen gibt.

Die unwandelbare Natur (*gnas lugs*) existiert im Bewußtseinsstrom aller Lebewesen. Sie ist selbst-vervollkommnet in ihnen vorhanden, in ihrem Wesen als die drei Buddha-Körper, als Untrennbarkeit von Erscheinungen und Offenheit, von Bewußtsein und Offenheit, von Glück und Offenheit und als die fünf Facetten des Ursprünglichen Bewußtseins. Sie ist frei von allen begrifflichen Begrenzungen wie Beginnen, Enden und Verweilen, Sein und Nicht-Sein. Doch wegen der Macht der «gleichzeitig entstehenden Unbewußtheit» erkennen wir sie nicht, so als würde in der Dunkelheit auf eine Form hingedeutet.

Diese unwandelbare Natur übersteigt Worte, Denken, Wissen und Beschreibung, sie ist ungreifbar. Dies ähnelt der Unmöglichkeit, eine Zeichnung im Feuer oder am Himmel anzufertigen.

Wir erkennen sie nicht, weil sie kein wahrzunehmendes Objekt ist, das von einem Subjekt wahrgenommen wird. Sie gleicht den Augen, die sich selbst nicht sehen können.

Wir erkennen sie nicht, wenn der Lama uns nicht auf sie aufmerksam macht. Sie gleicht einem Königssohn, der (unerkannt) unter dem gemeinen Volk umherwandert.

Wir erkennen sie nicht, weil sie eine einzige (unteilbare) geistige Dimension ist. Sie ist wie die Substanz Kampfer, die sowohl Medizin als auch Gift sein kann.

Wir erkennen die Tatsache nicht, daß ihr Wesen Bewußtheit ist, weil wir unmittelbar falsch wahrnehmen und deshalb falsch interpretieren. Dies ist, wie wenn wir einen Strick irrtümlich für eine Schlange halten.

Wegen der «Unbewußtheit, die falsch auslegt», erkennen wir das Selbst-Gewahrsein (*rang rig*) nicht und haften deshalb an einem «Ich», wo kein Ich existiert, an einem «Selbst», wo kein Selbst existiert, an «Konkretem», wo nichts Konkretes existiert. Angetrieben von Anziehung, Abneigung und Blindheit, sammeln wir Handlungen (*karma*) an, von denen jede einzelne reifen wird und irren in dem Kreislauf bedingten Daseins umher.

Wir erkennen dieses Selbst-Gewahrsein nicht, weil es uns zu nahe ist! Obwohl es in uns ist und uns ständig begleitet, sind wir uns nicht klar darüber. Da wir es, wie unser eigenes Gesicht, nicht wahrnehmen, wandern wir im Samsara.

Weil es zu einfach ist, haben wir kein Vertrauen! Einfältige Gemüter denken, daß nur der Buddha mit den Zeichen und Attributen geschmückt und mit dem Dharmakaya ausgestattet ist – nicht aber das «normale Bewußtsein». Sie denken, es könne nicht sein (daß das «normale Bewußtsein» die Natur des Dharmakaya hat), und weil sie darin kein Vertrauen haben, erkennen sie es nicht.

Wir nehmen es nicht wahr, weil es zu tiefgründig ist! Weil wir nicht unzerstreut geistesgegenwärtig sind, sondern verfangen im Netz der Begriffe, erkennen wir es nicht.

Wir erkennen es nicht, weil es zu gut ist! Wenn wir den Geist natürlich entspannen lassen, dann ist das in dieser Weite ungreifbare Bewußtsein, dieses klare, nicht-objektivierbare Selbst-Gewahrsein, der Dharmakaya. Doch es geht einfach nicht in unsere Köpfe, daß dies der Dharmakaya ist, deshalb erkennen wir ihn nicht.

Es ist also notwendig, diese (zwei Arten von) Unbewußtheit zu überwinden. Die Methoden dazu sind die Kernbelehrungen des

Lamas, das Weg-Mahamudra und die praktischen Verfahren. Wenn wir uns beharrlich darin üben, wird Unbewußtheit beseitigt.

Weg-Mahamudra

L 93

Die Methoden, um die seit Anbeginn als Dharmakaya vorhandene Basis zu verwirklichen, sind die zuvor (im 2. Teil) erläuterten Kernbelehrungen sowie die Erfahrungen und Erkenntnisse bei deren Umsetzung. Wenn wir die Kernbelehrungen des Lamas praktiziert haben und dadurch die oberflächlichen Unreinheiten weitgehend gereinigt sind, dann verstehen und erkennen wir selbst, daß der Geist ohne Eigennatur ist, und diese (Erkenntnis) gilt es zu kultivieren. Um diese Erkenntnis hervorzubringen, werden in den drei Schriftensammlungen sowie den vier Tantra-Klassen viele Methoden erklärt. In der Tradition unserer kostbaren Kagyü-Linie jedoch wird gelehrt, daß sie alle im tiefgründigen Weg der Hingabe zum Lama enthalten sind. Hierzu erläutert *Götzangpa:*

> «Alle Vinaya-Schriften sind in der höheren Schulung der Selbstdisziplin (*tshul khrims*) zusammengefaßt, und diese wiederum in der Hingabe. Das gestörte Gefühl der Aggression entsteht gar nicht erst, wenn wir mit Hingabe zum Lama beten; Hingabe wirkt somit als Gegenmittel zu Aggression. Das gleiche gilt für alle anderen gestörten Emotionen . . .
>
> Die gesamte Sutra-Schriftensammlung ist in der höheren Schulung der tiefen Meditation (*ting nge 'dzin*) zusammengefaßt, und diese wiederum im Weg der tiefen Hingabe. Wenn wir mit Dharmakaya-Hingabe (Vertrauen, daß der Lama den Dharmakaya verkörpert) unseren eigenen Geist

mit dem Vajra-Geist des Lamas untrennbar vermischt haben und in der tiefen Meditation erkennen, daß der eigene Geist in seiner wahren Natur ohne Beginnen und Enden ist, dann ist darin, den Erklärungen des *Gönpo Drigungpa* zufolge, das vajragleiche Samadhi – unverändert durch gestörte Emotionen und Begriffe – enthalten, und darin wiederum hundert (andere) Samadhis ...

Die Abhidharma-Schriften sind in der höheren Schulung der Weisheit (*shes rab*) zusammengefaßt, und diese wiederum im Weg der tiefen Hingabe. Durch den Segen des Meisters erfahren wir alles, sei es hoch, tief oder mittelmäßig, als Dharmakaya-Lama. Indem wir erkennen, daß Körper, Erscheinungen und Geist in der Einfachheit des natürlichen Geistes alle einen einzigen Geschmack haben, werden Trugschlüsse in bezug auf alle Gegenstände des Wissens im Geist beseitigt, und wir erlangen Meisterschaft (über alles Wissen) ...

Die vier Tantra-Klassen sind ebenfalls in der Hingabe zusammengefaßt. Indem wir unseren Körper und unsere gesamte Habe dem Lama opfern und mit Freude ‹unser Leben dafür geben› oder ‹uns tausend Nägel in den Körper schlagen lassen› (d. h. keine Mühen scheuen), um ihm Dienste zu erweisen, dann sind wir wie Jetsün Milarepa. Es heißt: ‹Dies ist die Praxis des Kriya-Tantra.›

Unablässig zum Lama zu beten und ‹das Banner seines Lobpreises in den zehn Himmelsrichtungen zu schwenken› ist Carya-Tantra-Praxis. Es heißt: ‹Im zweiten (Tantra) wird hauptsächlich sprachliche Übung gelehrt.›

Mit ununterbrochener, hingebungsvoller Sehnsucht darüber zu meditieren, daß alle Erinnerungen und Gedanken der Geist des Lamas sind und dies so zu erfahren, ist Yoga-Tantra-Praxis. Es heißt: ‹Im dritten wird die Betonung auf Geist und Gefühl gelegt.›

Wenn durch den Segen des Meisters alles als gleichzeitig entstehendes Ursprüngliches Bewußtsein erfahren wird, so ist dies die Erfahrung des Annutara-Tantra. Es heißt: ‹Im vierten geht es allein um das gleichzeitig Entstehende›.»

Weiter wird gesagt, daß auch die vier Ermächtigungen und die beiden Methoden (Entwicklungs- und Vollendungsphase) in der Hingabe allein vollständig sind; dies gilt es zu verstehen.

Ferner gibt es eine Unterscheidung zwischen Geist-Mahamudra und Erscheinungswelt-Mahamudra.

Die anfangslose, unwandelbare Natur, das ursprüngliche Bewußtsein von Mahamudra – frei von allen Begrenzungen in unserem Bewußtseinsstrom vorhanden – wird Geist-Mahamudra genannt.

Die volle Erkenntnis oder Erfahrung, daß alle Phänomene der Erscheinungswelt von Samsara und Nirvana eins sind in der großen Woge des Ursprünglichen Bewußtseins, wird Erscheinungswelt-Mahamudra genannt.

Die Art und Weise, diese beiden in die Praxis umzusetzen, ist in den obigen Belehrungen und sämtlichen Übungsanweisungen enthalten.

Sicht – Meditation – Handlungsweise

L 94

Weiterhin ist es angebracht, gemäß der Sicht (*lta ba*), Meditation (*sgom pa*) und Handlungsweise (*spyod pa*) zu praktizieren. *Jetsün Milarepa* (singt für Gampopa dieses Lied) über Sicht, Meditation, Handlungsweise und Frucht:

«Betrachte deinen Geist – das ist die wahre Sicht!
Suchst du die Sicht außerhalb des Geistes,
Dann gleichst du einem *Gye*, der ein Juwel sucht,
werter Doktor Lehrmeister.

Beseitige nicht die Fehler von Dumpfheit und Wildheit –
das ist wahre Meditation!
Beseitigst du in der Meditation
Die Fehler von Dumpfheit und Wildheit,
Zerstreutheit und Benebelung,
Dann gleichst du jemandem,
der bei Tage eine Lampe hochhält,
werter Doktor Lehrmeister.
Ergreife nicht, noch lehne ab –
das ist wahre Handlungsweise!
Wenn du aus Hoffnung und Furcht
in deiner Handlungsweise ergreifst und ablehnst,
Dann gleichst du einer Fliege,
die sich in einem Netz verheddert,
werter Doktor Lehrmeister.
Bringe Gewißheit im eigenen Geist hervor –
das ist die wahre Frucht!
Suchst du die Frucht,
die nicht zu finden ist, anderswo,
Dann gleichst du einem Frosch,
der in den Himmel springen will,
werter Doktor Lehrmeister.»

Dhagpo Rinpoche formuliert es wie folgt:

«Wenn der Geist, klar und ungreifbar wie der Himmel,
Nicht in Einseitigkeit verfällt – das ist die Sicht.
Wenn der Geist, selbst-gewahr
    und strahlend klar wie ein Spiegel,
Ohne hell und dunkel ist – das ist Meditation.
Wenn der Geist, ungekünstelt, gelöst wie ein Kind,
Ohne Verneinen und Bekräftigen ist –
    das ist die Handlungsweise . . .»

«Den eigenen Geist zu betrachten ist die Sicht.
Alle Phänomene als Geist zu erkennen ist Erkenntnis,
Damit vertraut zu werden ist Meditation.

Die wahre Natur zu erfahren ist Erfahrung,
Darin fortdauernd zu verweilen ist Handlungsweise.
Die wahre Natur zu verwirklichen ist die Frucht.
Dies anderen zu zeigen ist Wirkungskraft.
Aufgrund der Sicht erscheint Erkenntnis.
Aufgrund von Meditation entstehen Erfahrungen.
Aus der Frucht entwickelt sich
Die Wirkungskraft zum Wohle anderer.»

Götzangpa:

«Die Nicht-Zweiheit von Samsara und Nirvana zu erkennen ist die Sicht. An den vielfältigen Erscheinungen der sechs Wahrnehmungsfelder nicht als real zu haften ist Meditation. Unter Handlungsweise versteht man, den gleichen Geschmack von Freud und Leid zu erfahren. Wenn sowohl im meditativen Gleichgewicht als auch in der Nach-Meditation dualistisches Haften so rein geworden ist wie Himmelsraum, so ist das die Frucht. Dies ist die Essenz von Sicht, Meditation, Handlungsweise und Frucht; mehr gibt es darüber nicht zu sagen.»

Der ehrwürdige *Schang Rinpoche:*

«Wenn beim Betrachten nichts zu sehen ist –
genau das ist die Sicht.
Wenn Denken und Sehen nicht dinglich sind –
genau das ist Meditation.
Wenn Glück und Offenheit sich zu einem vermischen –
genau das ist Erfahrung.
Wenn es kein Vorher und Nachher gibt –
genau das ist Handlungsweise.
Wenn Hoffnung und Furcht überwunden sind –
genau das ist die Frucht.
Dies sind die Kernbelehrungen meines Lamas,
nehmt sie euch bitte zu Herzen . . .

In deiner Sicht sei unvoreingenommen.
In deiner Handlungsweise sei nicht heuchlerisch.
In deinem Mitgefühl sei nicht wählerisch.
In deiner Meditation sei unzerstreut.
Qualitäten treten dann unerschöpflich zutage . . .

Ist deine Sicht korrekt,
Und bist du ein geeignetes Gefäß für die Unterweisungen,
    ohne sie zu verdrehen,
Und ist deine Meditation fehlerlos,
    nicht zu angespannt und nicht zu schlaff,
Und ist deine Handlungsweise ohne Haften,
    unbefleckt von Fehlern,
Und bewahrst du die Vajra-Gelübde,
    so daß du die Gottheiten nicht verstimmst,
Dann erhältst du ohne Zweifel jede gewünschte Frucht,
Dies gleicht einem Medizinbaum . . .

Nicht-Haften ist die königliche Sicht,
Denn darin sind das Betrachtete und der Betrachter
    nicht zwei (getrennte Gegebenheiten).
Nicht-Haften ist die königliche Meditation,
Denn darin gibt es kein Haften
    an Meditation und Meditierendem.
Nicht-Haften ist die königliche Handlungsweise,
Denn darin gibt es kein Haften
    an Handlung und Handelndem.
Nicht-Haften ist die königliche Frucht,
Denn darin gibt es kein Haften
    an Erlangtem und Erlanger.»

Der ehrwürdige *Rangdschung Dordsche:*

«Wenn unsere Bewußtheit sich selbst betrachtet, so wird das Sicht genannt. Wenn es nichts zu üben gibt, so wird das Handlungsweise genannt. Eine solche Handlungsweise wird Vereinigung (von Methode und Weisheit) genannt. Unzerstreut zu sein wird Meditation genannt . . .

In Wirklichkeit:
Besteht die Sicht darin, seinen Geist zu betrachten,
Besteht Meditation darin, davon nicht abzuschweifen,
Besteht die Handlungsweise darin,
davon nicht getrennt zu sein,
Besteht die Frucht darin, dies zu verwirklichen.

Beim Betrachten gibt es nichts zu betrachten –
Erscheinungen sind im Geist.
Beim Meditieren gibt es nichts zu meditieren –
Bewußtheit ist selbst-leuchtend.
Bei der Handlungsweise gibt es nichts auszuüben –
Im selbst-existierenden (Zustand)
ist Handlung spontan.
Es gibt keine Frucht zu erlangen –
Der eigene Geist ist Buddha.»

Tilopa:

«Die königliche Sicht ist,
Jenseits von dualistischem Haften zu sein.
Die königliche Meditation ist,
Unzerstreut zu sein.
Die königliche Handlungsweise ist,
Frei von Tun und Streben zu sein.
Die königliche Frucht ist,
Ohne Hoffnung und Furcht zu sein.»

Dschigten Sumgön:

«Die Natur des Geistes unverfälscht zu sehen ist die Sicht. Davon niemals abzuschweifen ist Meditation. In diesem Zustand zu handeln ist Handlungsweise. Alle Phänomene in Samsara und Nirvana entstehen einzig durch das Zusammentreffen von Umständen – wo keine Ursache ist, folgt keine Wirkung. Alles bedingte Zusammentreffen ist augenblicklich. Da in dieser Augenblicklichkeit bedingtes Zusammentreffen selbst Offenheit ist, ist Dharmakaya die Frucht.»

Meister *Barawa* macht deutlich, wie die frühen Kagyüpas lehrten:

«Direkt zu schauen ist die Sicht.
Nicht davon abzuschweifen ist Meditation.
Immer darin zu handeln ist Handlungsweise.
Die Sicht ist frei von Philosophie.
Meditation ist frei von geistigem Fixieren.
Die Handlungsweise ist frei von Anstreben
und Ablehnen.»

Der ehrwürdige *Phadru*:

«Allgemein gesprochen muß ein Mensch als Basis für seine Meditationspraxis in der Sicht so sicher sein wie ein Adler beim Segeln am Himmel. Seine Meditation muß so ununterbrochen sein wie die Umsicht und Sparsamkeit einer Haushälterin (so daß die Vorräte nie ausgehen). Seine Handlungsweise muß so natürlich sein wie die einer alten Kuh beim Wassersaufen.

Wir müssen sicher in der Sicht sein.
Sobald uns etwas widerfährt – sei es schwierig oder leicht, Freude oder Leid – vergessen wir die Sicht. Befällt uns eine schwere Krankheit, vergessen wir die Sicht. Wenn wir sterben, vergessen wir die Sicht. Trotzdem machen wir es uns bequem: Nach Sonnenuntergang lassen wir uns auf einem großen, weichen Kissen nieder und betrinken uns, und während wir uns mit Fleisch vollstopfen, strecken wir die Arme zum Himmel und sagen: «Wenn ich sterbe, bin ich Buddha, ihr könnt mir die Schädelschale abnehmen (ich bin bereit zu sterben), alles ist leer.» Doch wird gesagt: «Wenn man die Sicht nur im Munde führt, nützt sie gar nichts.» Daher müssen wir Sicherheit in der Sicht haben.

Es heißt: Wenn uns Schwierigkeiten und Krankheiten befallen, brauchen wir die Fähigkeit, Schmerzen und Leiden zu lindern, indem wir uns an die Sicht der unwandelbaren Natur erinnern. Es genügt nicht, daß es die Sicht der unwandelbaren Natur gibt – wir müssen sie begreifen, müssen sie realisieren. Um sie zu begreifen und zu realisieren, müssen wir einen authentischen Lama treffen und uns mit starker, vertrauensvoller Hingabe auf seine kostbaren Unterweisungen stützen.

Es heißt, dies gleiche einem fliegenden Adler: Will der Adler zum Himmel emporfliegen, muß er die Schwanzfedern zur Erde richten. Wenn er einmal fliegt, braucht er nicht mehr mit den Flügeln zu schlagen; er gelangt zu seinem Horst (oder wohin er will), einfach indem er sein Bewußtsein dorthin dirigiert.

Unsere Meditation muß ununterbrochen sein.
Auch wenn wir uns in Gegenwart der Lamas und anderer Menschen geschäftig verhalten und eine große Anzahl von Meditationssitzungen ausführen, jedoch nach den Sitzungen die drei Geistesgifte gestörter Emotionen kein bißchen kontrollieren können und die Gedanken immer mehr überhand nehmen, so daß unser Geist noch ungezähmter wird, dann unterscheiden wir uns nicht von gewöhnlichen Menschen.

Deshalb ist es wichtig, fortwährend den eigenen Geist zu betrachten, auch wenn es so scheint, als würden wir nicht meditieren. Wir dürfen nicht unter die Macht von gestörten Gefühlen sowie Anziehung und Abneigung fallen, sondern müssen uns bemühen, die Achtsamkeit unzerstreut auf Positives zu richten. Im Paramitayana wird «Achtsamkeit und Aufmerksamkeit» als Basis und Voraussetzung der dreifachen Schulung (Selbstdisziplin, tiefe Meditation und Weisheit) angesehen. Bewegen wir uns immerzu in diese Richtung, ist die Meditationspraxis ununterbrochen. Auch wenn es so aussieht, als sei es mit der Sparsamkeit und Umsicht der Haushälterin zu Ende, so sind doch immer genügend Vorräte vorhanden.*

* d. h., auch wenn es so scheint, als seien wir wie gewöhnliche Menschen, die nicht meditieren, so ist doch die Achtsamkeit ununterbrochen (Bokar Tulku).

Unsere Handlungsweise muß natürlich sein.
Hingabe zum Lama stellt die beste Handlungsweise dar. Von der Praxis der Handlungsweise zu sprechen und im Verborgenen allerlei «Zicken» zu machen ist ganz und gar nicht, worum es geht; vielmehr ist es wichtig, bei allem, was wir tun – ob wir gehen, liegen, stehen oder sitzen – zum Wohl der Lebewesen tätig zu sein.

Von natürlicher Handlungsweise zu reden und sich ungezwungen schlecht zu benehmen führt dazu, daß wir tatsächlich schlechte Menschen werden. Wir sollten uns auf dem Weg der Tugend bemühen, indem wir den Drei Juwelen Opferungen darbringen und in allem, was wir mit Körper, Rede und Geist tun, so gut wir können, im Sinne des Dharma handeln, all diese positiven Handlungen dem Wohl unserer (ehemaligen) Mütter widmen, die (an Zahl) so unermeßlich sind wie der Himmelsraum, und selbst im Verborgenen nichts noch so geringfügig Schlechtes tun.

In Gegenwart anderer Menschen von Anstrengungen zu reden und einem Schweinsschwänzchen gleich (hektisch) die Mandala-Scheibe zu wischen und Niederwerfungen zu machen – dies hat nicht das geringste mit Anstrengung zu tun. Unsere Anstrengung sollte kontinuierlich sein, weder übertrieben noch schwach, gleich einer alten Kuh beim Wassersaufen: ohne Hast zu Anfang und dann gleichmäßig ohne nachzulassen.»

Es gibt zahlreiche ähnliche Aussagen. Zusammenfassung:
Die *Sicht* besteht darin, den Sinn der unwandelbaren Natur zu erforschen und zu betrachten.
Meditation besteht darin, einsgerichtet in der Untrennbarkeit von Geistiger Ruhe und Intuitiver Einsicht zu bleiben.
Handlungsweise besteht darin, die tugendhafte Praxis mittels der vier Handlungsweisen zu vertiefen.
Die *Frucht* ist erreicht, wenn die unwandelbare Natur vollkommen verwirklicht ist, wenn man die Stufe der vier Buddha-Körper, frei von Hoffnung und Furcht und allem dualistischen

Haften, erlangt hat und mittels der vier Wirkungskräfte allen Schülern Schutz gewährt.

Die Praxis von Sicht und Meditation wurde in diesem vollständigen Unterweisungs-Manual bereits eingehend behandelt.

Was die Praxis der Handlungsweise betrifft, so unterscheidet man fünf Arten: *Küntusangpo*-Handlungsweise, geheime Handlungsweise, Handlungsweise zum Zähmen der Bewußtheit, Handlungsweise in der Menge und die allseitig siegreiche Handlungsweise.

Die erste besteht darin, während aller vier Beschäftigungen (Gehen, Sitzen, Stehen und Liegen) alles begriffliche Denken in der Weite der absoluten Realität sich glätten und von selbst auflösen zu lassen, wie Schnee auf einem heißen Stein, ohne Gegenmittel anwenden zu müssen.

Um diese Praxis zu vertiefen, übt man die geheime Handlungsweise auf Leichenäckern, in Wäldern und an ähnlichen Orten, in Begleitung einer Gefährtin.*

Für das Zähmen der Bewußtheit hält man sich in Begleitung einer Gefährtin in Ortschaften auf, den nackten Körper nur mit (den sechs) Knochenornamenten geschmückt.*

Die Handlungsweise in der Menge besteht darin, in großen Basaren, auf Märkten oder in Armenvierteln zu singen und zu tanzen. Wird man als Folge davon gelobt, verlacht, beschimpft und geschlagen, facht dies die Praxis und die tiefe Meditation an, die sich dadurch wie ein Feuer im Wald ausbreiten.*

Wenn diese Handlungsweise zum Helfer geworden ist, wird die Unbewußtheit durch die allseitig siegreiche Handlungsweise gereinigt: Selbst wenn man Gift zu sich nimmt, wird es zu Nektar, somit ist man siegreich über Nahrung. Da unreine Energie aufhört, ist man siegreich über Energie. Da man keinerlei Voreingenommenheit für oder wider Samsara und

* Fortgeschrittene tantrische Praktiken, die auf der Basis von Realisation ausgeübt werden.

Nirvana hat, ist man siegreich über Einseitigkeit. Da man weder Verlangen noch Ablehnung verspürt, ist die Handlungsweise vollkommen. Dies sind die fünf Arten von Handlungsweise.
Bei all diesen Handlungsweisen geht nichts über die Strahlkraft der seit jeher existierenden Offenheit der absoluten Realität hinaus, deshalb heißt es *tschag gja* (mudra). Weil es darüber hinaus kein «Ursprüngliches Buddha-Bewußtsein» zu suchen gibt, heißt es *tschen po* (maha).

Dies waren die Aspekte des Weg-Mahamudra.

Frucht-Mahamudra

L 95

Wenn sämtliche Stufen des Weges durchschritten und die Störungen der Basis (die vorübergehenden Illusionen) erschöpft sind, wird eben diese Basis offenbar. Wenn die Störungen des Weges erschöpft sind, ist dessen Ende erreicht. Mit der Basis ist die Frucht erreicht.

Alle relativen Phänomene manifestieren sich ungehindert und sind doch in ihrem Wesen offen. Alle in dieser Offenheit sich manifestierenden relativen Erscheinungen existieren nicht getrennt von Offenheit. In dieser Nicht-Zweiheit sind wir befreit von dualistischem Haften und dem Kreislauf von Hoffnung und Furcht.

Bei vollendeter Erkenntnis besitzen wir viele Qualitäten wie die «Kräfte», «Furchtlosigkeiten» usw., die mit der Realisation von Mahamudra einhergehen. Wir sind die Verkörperung der drei Buddha-Körper, der Fünf Facetten des Ursprünglichen Bewußtseins mitsamt ihren Qualitäten und Wirkungskräften. Die vollendete Stufe der Nicht-Meditation ist realisiert, und wir sind von allen Schleiern befreit. Alles, was es zu verstehen gibt, wird verstanden. Alle Qualitäten des Freiseins (von Schleiern) und der Reife sind verwirklicht. Dies wird Frucht-Mahamudra genannt.

Allgemein gesprochen gehen sämtliche äußeren und inneren Phänomene nicht über die Dreiheit von Erscheinung, Bewußtheit und Offenheit hinaus; sie haben das Wesen der drei Buddha-Körper, die auf Basis, Weg und Frucht bezogen werden können. Die drei Körper der Basis sind wie folgt:
Der eigene Geist existiert nicht als ein Ding und ist frei von allen Begriffen; diese offene Dimension ist Dharmakaya. Er ist jedoch nicht wie ein nihilistisches Nichts oder wie etwas Lebloses, sondern die Offenheit ist selbst-gewahr und selbst-leuchtend; diese Natur der vielfältigen Wahrnehmung ist Sambhogakaya. Die ungehinderte Strahlkraft der Offenheit manifestiert ihre eigenen Formen als vielfältige Objekte; dies ist Nirmanakaya. Um das vollständige Vorhandensein dieser drei Buddha-Körper in uns zu verdeutlichen, dienen der Reihe nach folgende drei Beispiele: wie Öl in Sesamsamen, wie Lapislazuli und unfabriziert natürlich. *Rangdschung Dordsche* erklärt es so:

> «Die wahre Natur ist Offenheit – Dharmakaya.
> Die Eigenheit ist strahlende Klarheit – Sambhogakaya.
> Das vielfältige, ungehinderte Manifestieren
> ist Nirmanakaya.
> Die Offenheit entspricht dem
> Allumfassenden Urbewußtsein.
> Die strahlende Klarheit entspricht dem
> Spiegelgleichen Urbewußtsein.
> Das gleichzeitige Vorhandensein dieser beiden
> entspricht dem Urbewußtsein der Gleichwertigkeit.
> Das unvermischt getrennte Vorhandensein dieser beiden
> entspricht dem Unterscheidenden Urbewußtsein.
> Ihre ungeschaffene Selbst-Vollkommenheit entspricht
> dem Allvollendenden Urbewußtsein.

Die Offenheit ist der Vajra-Körper.
Die strahlende Klarheit ist Vajra-Sprache.
Die nicht-dualistische Gleichheit
dieser beiden ist Vajra-Geist.»

«Weiterhin unterscheidet man zwischen Basis-, Weg- und Frucht-Mahamudra, je nachdem, ob Basis, Weg oder Frucht vorrangig gelehrt wird. Dann gibt es das Glück-Offenheit-Mahamudra, das hauptsächlich im Yogini-Tantra gelehrt wird; das Klarheit-Offenheit-Mahamudra, das hauptsächlich im Methoden-Tantra gelehrt wird und das Bewußtsein-Offenheit-Mahamudra, das hauptsächlich im nicht-dualistischen Tantra gelehrt wird.»

«Ferner gibt es die zweifache Unterscheidung in Mahamudra der Unwandelbaren Natur, das die natürliche, unwandelbare Natur berücksichtigt, und Glück-Offenheit-Mahamudra, das sich – als Methode zum Erkennen des ersteren – auf die Erkenntnis der Einheit von Glück und Offenheit bezieht.

Dann gibt es eine Unterteilung in drei «Gleichzeitig Entstehende»:

- Das «Natürlich Gleichzeitig Entstehende» bezieht sich auf die unwandelbare Natur.
- Das «Gleichzeitige Entstehen von Glück durch Schmelzen» bezieht sich auf den schrittweisen Weg der drei Ermächtigungen, die dazu dienen, das erstere durch veranschaulichende Beispiele zu realisieren.
- Das «Gleichzeitige Entstehen von Glück und Offenheit» bezieht sich auf den Weg der vierten Ermächtigung, die wirkliche Erkenntnis dieser (unwandelbaren Natur). Das letztere wird als Mahamudra bezeichnet.

Ferner gibt es drei Beispiel für Basis-, Weg- und Frucht-Mahamudra: das erste ist wie Silbererz, das zweite wie das daraus gewonnene Silber und das letzte wie eine daraus gefertigte Statue oder ähnliches.»

Über die Gelübde (von Mahamudra) erklärt *Schang Rinpoche*:

«Die vierfachen Mahamudra-Gelübde bestehen darin:

- Gestörte Emotionen nicht abzulehnen, da sie selbst Geist sind.
- Das Ursprüngliche Bewußtsein nicht als Gegenmittel (für Emotionen) zu benutzen, da diese beiden nicht zwei (getrennte Gegebenheiten) sind.
- Nicht über die So-heit zu meditieren, da sie nicht vorstellbar (kein objektivierbarer Bezugspunkt) ist.
- Nicht auf eine Frucht zu hoffen, da diese in der Erkenntnis der Natur des eigenen Geistes besteht.»

Dies waren die Unterteilungen von Mahamudra.

Begriffserklärung

L 96

(Zunächst zur Bedeutung des Begriffs «Mahamudra», tib. *phyag rgya chen po,* ausgesprochen *tschag gja tschen po:*)

Mahamudratilaka-Tantra:

«*Tschag* bedeutet das offene Urbewußtsein.
Gja bedeutet Freiheit von samsarischen Phänomenen.
Tschen po bedeutet Einheit.
Somit spricht man von *tschag gja tschen po*.»

Yige Schipa:

«*Tschag* bedeutet das offene Urbewußtsein.
Gja bedeutet frei von Einseitigkeit.
Tschen po bedeutet jenseits von Begrenzungen.
Sie sind deshalb als die ‹Vier Silben› bekannt.»

Gom Mamo Tschenmo:

«*Tschag* bedeutet die Untrennbarkeit
von Glück und Offenheit.
Es heißt *gja*, weil nichts darüber hinausgeht.»

Dhagpo Rinpoche:

«Nichts in der Erscheinungswelt von Samsara und Nirvana geht über die Weite der ungeborenen, absoluten Realität hinaus; dies zu verstehen ist die Bedeutung von *tschag*. Da nichts in der Erscheinungswelt diesen natürlichen Zustand übersteigt, heißt es *gja*. Die innewohnende Freiheit der absoluten Realität zu verstehen (oder: daß in der absoluten Realität alles selbst-befreiend ist), ist der Sinn von *tschen po*.»

Schang Rinpoche:

«*Tschag gja,* weil nichts darüber hinausgeht, und *tschen po*, weil es weit und groß ist, deshalb *tschag gja tschen po.*
Ein Beispiel: Was der universale Weltenherrscher (*Chakravartin*) besiegelt hat, können die kleinen Unterkönige der Randgebiete nicht übertreten. Gleichermaßen ist es nicht möglich, daß die Phänomene von Samsara und Nirvana über die ungeborene Weite von *tschag gja tschen po* hinausgehen; und weil sie selbst die Natur des ungeborenen *tschag gja tschen po* haben, welche weit und groß ist, heißt es *tschen po*.»

Orgyenpa:

«Weil der Schöpfer aller Phänomene in Samsara und Nirvana nicht darüber hinausgeht, heißt es *tschag gja,* und weil es darüber hinaus keinen besseren Dharmakaya zu suchen gibt, heißt es *tschen po*.»

Der glorreiche *Katschöpa:*

> «*Tschag* bedeutet die Einheit von offener Dimension
> und Ursprünglichem Bewußtsein.
> *Gja* bedeutet, daß Samsara selbst-befreiend ist.
> *Tschen po* bezieht sich auf das unübertreffliche
> Ursprüngliche Bewußtsein der Einheit.»

Gyalwa Mikyöpa:

> «*Tschag gja* bedeutet, daß alle Phänomene in Samsara und Nirvana nicht darüber hinausgehen. Ein Beispiel: Was der Weltenherrscher besiegelt hat, können die kleinen Unterkönige und Minister nicht übertreten.
> *Tschen po* bedeutet, daß es über Karmamudra, Dharmamudra und Samayamudra hinausgeht und daß es keine größere Macht gibt.»

Aus den Schriften meines wunderbaren Lamas:

> «*Tschag* ist die respektvolle Form für ‹Hand›; es bezieht sich auf die Hand der Siegreichen.
> *Gja* bedeutet Einheit, und daß nichts darüber hinausgeht.
> *Tschen po* bedeutet, daß die anderen Mudras (Karmamudra, Dharmamudra und Samayamudra) alle zeitbedingt sind und somit überschritten werden können. Dieses (Mahamudra) ist absolut und kann deshalb von niemandem überschritten werden. *Tschen po* bedeutet somit das Höchste.»

Diese und ähnliche Aussagen finden sich in zahlreichen Sutras, Tantras und Kernbelehrungen.

Den Begriff «Gleichzeitig entstehende Einheit» (*lhen cig skyes sbyor*) erklärt Meister *Katschöpa* wie folgt:

> «‹Gleichzeitig› bedeutet:
> ‹Was entsteht, ist gleichzeitig entstehend.

Gleichzeitig entstehend bedeutet:
In der Natur des gleichzeitigen Entstehens
Ist alles in einem zusammengefaßt.›

‹Entstehen› bedeutet:
‹Alles entsteht aus dem Ungeborenen;
Das Entstehende selbst ist nicht existierend.›

Einheit bedeutet ‹*naldschor*› (yoga):
‹*Naldschor* ist weder nur Methode (*thabs*),
Noch ausschließlich Weisheit (*shes rab*).
Es ist die Vereinigung von Methode und Weisheit.
Deshalb sprach der Tathagata von *naldschor*.›

Kurz zusammengefaßt ist dies der wesentliche Sinn von ‹Mahamudra, gleichzeitig entstehende Einheit›. Schon durch diese Erklärung können Menschen mit höchsten Fähigkeiten und bester Eignung Befreiung finden, ohne auf zahlreiche Detailerklärungen angewiesen zu sein.»

Dhagpo Rinpoche erklärt:

«Fragt man sich, was eigentlich gleichzeitig entsteht bei dieser ‹Gleichzeitig entstehenden Einheit›, so ist die Antwort: Bewußtheit und Offenheit entstehen gleichzeitig; aber das bedeutet nicht, daß sie getrennt sind. Bewußtheit, Klarheit und Glück sind in der Offenheit vereint, deshalb heißt es ‹Gleichzeitig entstehende Einheit›.»

Barawa Gyaltzen Palsang:

«Die Definition besagt, daß *tschag* Offenheit und *gja* ‹nicht darüber hinausgehen› bedeutet. Es heißt *tschag*, da sämtliche Phänomene in der Erscheinungswelt ungeschaffen, unverändert, unverdorben, unberührt und unversehrt erscheinen und in ihrer Eigennatur oder unveränderlichen Natur vollkommen nicht-existierende Offenheit sind. *Buddhasamayoga-Tantra:*

‹*Ema!* Das Mysterium aller Buddhas ist dies:
Vollkommene Buddhaschaft ist ungeboren.
Aus dem Ungeborenen entsteht alles,
Das Entstehende selbst ist ungeboren.›

Es heißt *Gja*, da sämtliche dualistischen Erscheinungen – gute wie schlechte – nicht über Offenheit hinausgehen. Zum Beispiel: am Himmel fliegende Vögel oder in den Weltmeeren schwimmende Fische – beide verlassen niemals den Himmel beziehungsweise das Wasser. *Palsang Tschöpe Gyü:*

‹Alle Phänomene haben die Natur des Geistes.
Geist hat die Natur der Offenheit.
In der Offenheit hat alles denselben Geschmack.
Dies ist die Dimension ohne Anstreben und
Ablehnen.›

Da alles, was erscheint, nicht über Offenheit hinausgeht, ist es von jeher frei vom Netz abzulehnender, samsarischer Phänomene. Da das Abzulehnende nicht eigenständig existiert, gibt es kein Netz, das uns binden könnte. Da weder ein ‹Ich› noch ein ‹Selbst› eigenständig existiert, gibt es kein Selbst, das gebunden werden könnte. Da es nichts gibt, was gebunden ist, und nichts, was bindet, sind wir frei von samsarischen Phänomenen.

Da sämtliche Erscheinungen, die sich manifestieren, keinerlei eigenständige Existenz besitzen, sind sie offen. Sie erscheinen nackt und ungehindert in der strahlenden Klarheit und Offenheit. Alles, was erscheint, ist diese Einheit, die von niemandem fabriziert wurde; weil darüber hinaus nichts existiert, heißt es *tschen po*, groß. Erscheinungen gleichen Spiegelbildern: In einem Spiegel erscheinen Bilder, die nicht eigenständig existieren; sie sind somit offen, leer. Doch obwohl sie nicht eigenständig existieren, erscheinen ihre Formen klar und deutlich. Dies wird im *Mahamudratilaka-Tantra* ausgedrückt:

‹Hör gut zu, Mahamudra-Göttin.
Mahamudra ist ein großes Mysterium,
Unaussprechlich, unerschöpflich und ungeboren.
Alles Formhafte ist ohne Form,
Das Formlose ist der höchste Meister der Formen,
Es ist weder groß noch klein,
Seine Natur ist unergründlich.›

‹Gleichzeitig entstehende Einheit› bedeutet:
Gleichzeitiges Entstehen soll nicht heißen, daß zwei (getrennte Dinge) zusammentreffen. Es ist vielmehr wie eine Substanz mit einer Beschaffenheit, die drei gleichzeitig entstehende Eigenschaften hat. In der Beschaffenheit des Goldes sind drei (Eigenschaften) vereint: gelbe Farbe, hohes (spezifisches) Gewicht und Nichtverminderung der Qualität beim Einschmelzen. Seine gelbe Farbe existiert nicht getrennt von seinem hohen Gewicht und seiner Nichtbeeinträchtigung durch Schmelzen. Sein hohes Gewicht existiert nicht getrennt von den beiden anderen Eigenschaften. Alle drei Eigenschaften sind gleichzeitig entstehend – sofern es wirklich Gold ist und nicht etwas anderes. Mit der gelben Farbe sind das hohe Gewicht und die ihm eigene Qualität, sich durch Schmelzen nicht zu verringern, alle drei vollständig vorhanden. Ebenso sind mit jedem der anderen beiden die übrigen mit vorhanden, so daß alle drei immer vollständig sind.

Gleichermaßen sind in der Basis (*bzhi*), dem erwachten Geist, drei Aspekte gleichzeitig entstehend: sein Wesen ist Bewußtheit, seine Natur ist Offenheit und seine Eigenschaft ist Klarheit. Darin gibt es keine von der Offenheit getrennte Bewußtheit und Klarheit. Es gibt keine von der Klarheit getrennte Offenheit und Bewußtheit. Es gibt keine von der Bewußtheit getrennte Klarheit und Offenheit. In seinem Wesen ist der Geist eins, doch hat er drei Aspekte: Offenheit, Bewußtheit und Klarheit. Alle drei

Aspekte sind jedoch untrennbar, gleichzeitig entstehend. Mit der Offenheit selbst entstehen Bewußtheit und Klarheit. Mit der Bewußtheit selbst entstehen Offenheit und Klarheit. Mit der Klarheit selbst entstehen Offenheit und Bewußtheit. Somit entsteht mit Klarheit, Bewußtheit und Offenheit jeweils die vollständige Dreiheit; deshalb heißt es ‹gleichzeitig entstehend›, wie auch das *Hevajra-Tantra* erklärt:

‹Was entsteht, ist gleichzeitig entstehend.
‹Natur des gleichzeitigen Entstehens› bedeutet:
Alles ist in einem zusammengefaßt.›

Diese Einheit im Geist wird ‹Gleichzeitig entstehende Einheit› genannt. Sie existiert ohne Unterschied von Qualität und Größe (in allen Lebewesen) – vom Buddha bis zum kleinsten Insekt.

Wenn wir ihre wahre Natur erkennen, wird es ‹Gleichzeitig entstehendes Ursprüngliches Bewußtsein› genannt, wenn wir sie nicht erkennen, wird es das ‹Allem zugrundeliegende dualistische Bewußtsein› genannt (*kun gzhi rnam shes*). Das Erkennen (der wahren Natur) wird als ‹Gleichzeitig entstehendes Ursprüngliches Bewußtsein› bezeichnet und das Nicht-Erkennen als ‹Gleichzeitig entstehende Unbewußtheit›.

Welches von beiden zuerst existierte? Keines von beiden. Was Zeit betrifft, so gibt es kein Vorher und Nachher, was ihre Natur betrifft, kein Besser und Schlechter, denn die wahre Natur der beiden ist dieselbe.»

Gyalwa Yangönpa:

«Zum Sinn des Begriffs *tschag gja tschen po:*
Tschag gja tschen po ist vom Sanskrit-Wort ‹Mahamudra› abgeleitet und bedeutet ‹nicht darüber hinausgehen› oder ‹unwandelbar› oder ‹nicht leer›. Sämtliche Phänomene in der Erscheinungswelt von Samsara und Nirvana gehen –

ohne von ihrem Platz abzuweichen, ohne ihre Farbe zu ändern – in der (Dimension der) Zeitlosigkeit nicht über das gleichzeitig entstehende Ursprüngliche Bewußtsein hinaus, deshalb heißt es *tschag gja* (mudra). Und weil getrennt davon oder darüber hinaus nichts existiert, heißt es *tschen po* (maha).

Auf das augenblickliche Bewußtsein bezogen, bedeutet dies folgendes: Wenn plötzlich ein Gedanke aufkommt und wir diesen Gedanken nicht im geringsten verdrängen oder bestätigen, dann ist genau dieser klare Gedanke das eigentliche gleichzeitig entstehende Ursprüngliche Bewußtsein. Ob wir dies verstehen oder nicht – darüber geht es nicht hinaus; deshalb heißt es *tschag gja*. Und da es getrennt von diesem Gedanken kein Ursprüngliches Bewußtsein, keinen Buddha-Geist zu suchen gibt, heißt es *tschen po*.»

Dies war die Erklärung der Begriffe «Mahamudra» und «Gleichzeitig entstehende Einheit». Weiterhin gibt es keinen Widerspruch zwischen Bezeichnungen wie «Mahamudra», «Große Mitte», «Große Vollendung» usw., wie *Phamo Drupa* erklärt:

«Weil sämtliche Gedanken und gestörten Gefühle
Dadurch gezähmt werden, heißt es *Dulwa*.*
Gedanken sind Dharmakaya:
Darüber Gewißheit zu entwickeln
und Trugschlüsse von innen zu beseitigen,
Ist Zweck der ‹Kernbelehrungen des Lamas›.
Frei von Extremen wie ‹ewig› und ‹nichts›,
Postulieren und Negieren – dies ist die ‹Mitte›.
Weil sie über Rede, Denken und Beschreibung hinausgehen,

* Tib. *'dul ba* bedeutet zähmen und steht auch für skt. *Vinaya*, die Schriftensammlung mit den Verhaltensregeln.

Heißen sie ‹Paramita-Kernbelehrungen›.
Weil die Phänomene von Samsara und Nirvana
Selbst-vervollkommnet sind im Geist,
Ist es die ‹Große Vollendung›.
Gute wie schlechte Gedanken
Nicht zu überdenken ist ‹Mahamudra›.
Weil es Leiden lindert, ist es ‹Linderung› (*shi byed*).
Weil es alle gestörten Emotionen und Gedanken
In die Praxis integriert, ist es das ‹Geheime Mantra›.
Geist, Gedanken und Dharmakaya
Sind von Anfang an gleichzeitig entstehend;
Weil sie durch diese Kernbelehrungen
Zu einem vereint werden, spricht man von
‹Gleichzeitig entstehender Einheit›.
Sie werden (als Mittel zur Überwindung)
Von Hindernissen durch Dämonen und Maras gepriesen.»

Der Unterschied zwischen Mahamudra und gleichzeitig entstehender Einheit

L 97

Auf *Phamo Drupas* Frage, ob es einen Unterschied zwischen Mahamudra und gleichzeitig entstehender Einheit gibt, antwortete *Dhagpo Rinpoche:*

«In Mahamudra sind alle Phänomene von Samsara und Nirvana in der himmelsgleichen absoluten Realität seit jeher selbst-vervollkommnet und zu allen Zeiten eins mit dem nicht-dualistischen Ursprünglichen Bewußtsein.

In der gleichzeitig entstehenden Einheit werden alle aufkommenden Gedanken mit den vier Buddha-Körpern verbunden – dies ist nicht zu allen Zeiten der Fall, sondern mit Unterbrechungen.»

Schang Rinpoche:

«Diese wahre Natur (des Geistes)
Kann nicht durch Worte und Analysen gesehen werden.
Menschen mit bescheidenen Fähigkeiten
sollten sich auf dem stufenweisen Weg bemühen;
Jene mit mittleren, sollten die Methoden
der Kanäle und Winde anwenden;
Jene mit höchsten Fähigkeiten sollten
die gleichzeitig entstehende Einheit
Und Mahamudra praktizieren . . .»

«Durch das Ursprüngliche Bewußtsein
der gleichzeitig entstehenden Einheit
Werden Gedanken zerstört,
und dann als Dharmakaya erfahren.
Gemäß den Kernbelehrungen von Mahamudra
Werden Gedanken entspannt
und dann als Dharmakaya erfahren.»

Es gibt viele derartige Aussagen.

In Kurzform kann der vollständige Sinn von Mahamudra mit Hilfe von vier Punkten zusammengefaßt werden. Diese erläutert Meister *Götzangpa* wie folgt:

«Mahamudra möchte ich anhand von vier Stichworten erläutern, wahre Natur, Definition, Aspekte und Besonderheiten:

1. Die *wahre Natur* ist allumfassend – alles ist in ihr enthalten. Sie ist unvorstellbar und nicht beschreibbar.

2. Die *Definition:*
tschag bezieht sich auf Offenheit,
gja bedeutet Freiheit von samsarischen Phänomenen.
tschenpo bezieht sich auf die Erkenntnis der Einheit.

3. Die drei *Aspekte:*
Die Basis ist das allumfassende Mahamudra,
Der Weg ist die Mahamudra-Praxis,

Die Frucht ist das selbst-existierend perfekte Mahamudra.
Mahamudra hat drei Merkmale:
Seine wahre Natur ist vollkommen nicht-existierend,
Sein Ausdruck ist vollkommen unbehindert,
Und diese beiden sind untrennbar.

4. Die fünf *Besonderheiten:*
Die Mahamudra-Sichtweise hat nichts mit Schriftwissen und logischem Denken zu tun. Ihre Besonderheit ist, daß sie von innen her verstanden wird.

Mahamudra-Meditation hat nichts mit geistigem Fixieren zu tun. Ihre Besonderheit liegt darin, daß sich Dumpfheit und Wildheit von selbst befreien.

Das Mahmudra-Gelübde hat nichts mit Festhalten an Gelübden zu tun. Es hat die Besonderheit, daß das makellose Gelübde ununterbrochen intakt ist.

Mahamudra-Aktivität hat nichts mit Gegenmitteln zu tun. Ihre Besonderheit besteht darin, daß sich der Knoten des Ablehnens und Ansichziehens von selber löst.

Mahamudra-Frucht hat nichts mit Zeit und Zeichen zu tun. Ihre Besonderheit ist, daß sie uns innewohnt – selbst-existierend perfekt.»

Die Frucht des Praktizierens

L 98

Die Verwirklichung der Frucht ist wie bereits beschrieben: Die Erfahrungen und Erkenntnisse aus der Untrennbarkeit von Geistiger Ruhe und Intuitiver Einsicht entstehen im Geiste. Das Verständnis der Stufen von Einsgerichtetheit, Einfachheit, Ein-Geschmack und Nicht-Meditation wird verwirklicht. Die spirituellen Stufen und Wege werden entweder auf einmal oder schrittweise durchlaufen, und der authentische Zustand der vollkommenen Buddhaschaft wird verwirklicht.

* * *

Weil ich dachte, es sei sehr segensreich, über die Lehren der frühen Kagyü-Meister Klarheit zu schaffen, habe ich wortgetreu aus ihren Schriften zitiert, ohne Scheu vor der Menge der Worte. Praktizierende können diese Worte im Gedächtnis behalten, denn sie sind sehr segensreich. Doch selbst wenn sie die Worte nicht auswendig wissen, sich aber ihren Sinn vergegenwärtigen und sich darin üben, ihren Geist – so gut es geht – damit zu vermischen, haben diese ihren Zweck erfüllt.

Dies ist der gleiche Weg, den alle Buddhas der drei Zeiten gegangen sind. Es sind die «Eines verstanden – alles befreit»-Kernbelehrungen. Sie wurden mündlich überliefert und sind nicht von anderen Überlieferungen und anderen Worten unterbrochen. Sie sind die Herz-Essenz aller realisierten Meister, die alle vorausgegangenen Kagyü-Meister praktiziert und persönlich erfahren haben, und mittels derer sie allen Lebewesen zu Reife und Befreiung verhelfen. Gipfel aller spirituellen Wege und Essenz aller Kernbelehrungen, ermöglicht diese höchst essentielle Unterweisung über Mahamudra, die gleichzeitig entstehende Einheit, daß durch bloßes Lesen Verständnis sowie Erfahrungen und Erkenntnisse im Geiste entstehen. Ihr Titel ist:

Die Essenz vom Ozean des Wahren Sinnes, dessen Wirken Licht verbreitet, ein Festmahl für Befreiung-Suchende, Quelle der Befriedigung aller Wünsche, höchste Gabe der Befreiung.

Ich (der Neunte Karmapa) habe jegliche Verunstaltung durch Eigenfabrikation vermieden und mich nicht von der mündlichen Überlieferung der authentischen Kagyü-Meister entfernt, die von den frühen Meistern *Gampopa* und *Düsum Kyenpa* (1. Karmapa) bis zu meinem wunderbaren Lama, dem allwissenden *Köntschog Yenlag* (5. Shamarpa) reicht. Ich habe ihre Worte originalgetreu zusammengetragen und bringe diese Gabe des Dharma in der Absicht dar, anderen zu nutzen. Sollten mir trotzdem Eigenfabrikationen, Hinzufügungen oder Auslassungen unterlaufen sein, bitte ich die Meister und die Versammlung der Dakinis um Verzeihung.

Möge durch das hiermit entstandene Verdienst im Geiste aller Lebewesen das Ursprüngliche Bewußtsein von Mahamudra, die gleichzeitig entstehende Einheit, ohne Hindernisse hervorgebracht werden.

KOLOPHON

Ich bin wenig gelehrt und weit von der Praxis entfernt.
Bin noch nicht einmal überzeugt davon,
wie ungewiß der Zeitpunkt des Todes ist.
Abgelenkt vom jetzigen Leben
und mitgerissen von lärmender Arroganz,
Sind meditative Erfahrungen
nichts als ein Wunschgedanke von mir.
Deshalb ist es schwierig für mich,
aus eigener Erfahrung zu sprechen.
Doch weil diese kostbare Kagyü-Linie so machtvoll ist,
Habe ich Vertrauen und Hingabe in sie entwickelt,
Kraft deren ich hier ein wenig über
Die Essenz des wahren Sinnes aufgeschrieben habe.

Da die Lehren des Buddha sich heutzutage
Der letzten Fünfhundertjahres-Epoche nähern,
Sind die meisten Mönche
von häuslichen Tätigkeiten abgelenkt.
Sie haben Studium, Reflexion und Meditation
weit hinter sich geworfen,
Ganz zu schweigen davon, sich Tag und Nacht

gutem Handeln zu verschreiben.
(Statt dessen) sind sie Lehrlinge im Bezwingen
von Feinden und Beschützen von Freunden,
in Angeberei und hohler Arroganz:
Für Nahrung tun sie so gut wie alles,
Ordination nehmen sie wegen
des (gesellschaftlichen) Ranges,
Und um materieller Güter willen heucheln sie.
Sie preisen sich selbst, verunglimpfen andere
und schmücken sich mit Stolz und Habsucht.
Schaut man genau hin,
ist ihr Geist voll gestörter Emotionen.
Trotzdem bilden sie sich ein, unvergleichliche,
ehrenwerte Gelehrte und Verwirklichte zu sein.
Sie verleiten ihre Schüler
zu vielen negativen Handlungen,
Sie halten die mündlichen Unterweisungen
ihres Lamas geheim, um dann zu behaupten,
dieses Wissen aus eigener Erkenntnis zu besitzen.
Es gibt viele, die mit dieser falschen Art,
andere zu lehren und führen, sich selbst betrügen.

Ohne die geringste Anmaßung, gelehrt zu sein,
Habe ich dies zum Wohle der Lebewesen,
meiner ehemaligen Mütter, geschrieben.
Ich habe geradeheraus und unverhüllt gesprochen,
Wie es in der mündlichen Überlieferung üblich ist,
Und Verunstaltung durch Eigenfabrikation vermieden.
Sollten trotzdem Hinzufügungen, Auslassungen,
Widersprüche oder Irrtümer enthalten sein,
Bitte ich die Lamas und Dakinis um Nachsicht.
Mögen durch dieses Verdienst
alle Lebewesen, die das Universum bevölkern,
Das Antlitz der höchsten, unwandelbaren Natur sehen.

Um die Erwartungen derjenigen zu erfüllen,
die Befreiung wünschen,

Habe ich diesen Nektar vortrefflicher Erklärungen
über die Essenz des tiefen Sinnes
Klar aufgezeigt, wie es mir spontan einfiel.
Mögen dadurch alle Lebewesen
die unsterbliche Vajra-Stufe erlangen.

Wer immer diese Essenz des Wahren Sinnes,
dessen Wirken Licht verbreitet,
Sieht, davon hört, daran denkt
und in die Praxis umsetzt –
Mögen in ihm Erfahrungen und Erkenntnisse überfließen,
wie ein Fluß in der Regenzeit.
Möge er anstrengungslos befreit werden
und alle Aktivitäten vollbringen.

Diese Essenz vieler tiefer Praxisunterweisungen
Über Mahamudra, die gleichzeitig entstehende Einheit,
Habe ich auf Drängen von *Tulku Karma Dragpa Namgyal*
und anderen aufgezeichnet.
Möge durch dieses Verdienst in allen das Licht des
gleichzeitig entstehenden Ursprünglichen Bewußtseins
sich voll ausbreiten,
Möge der große Lotusgarten der Lehren
in hundert Richtungen vortrefflich erklärt werden,
Und mögen alle Wesen – einschließlich der Götter –
Rasch die Stufe des großen Glücks der Einheit erlangen.

Auf Drängen von *Karma Dragpa Namgyal Palsangpo,* einer Verkörperung der Inkarnationslinie des glorreichen *Riwochepa Pema Gyalpo Tulku,* der den Reichtum vieler Qualitäten von Schriften und Erkenntnis aus früherem Training besitzt und einiger anderer interessierter und scharfsinniger Menschen habe ich, der Reisende *Palden Mipam Tschökji Wangtschug**, diesen Text als Tribut für geliehenes (Wissen) im großen Sitz

* Ein anderer Name des Neunten Karmapa, nicht mit dem gleichnamigen Sechsten Shamarpa zu verwechseln.

von *Tsurphu* (Tibet) begonnen und in *Drikung Taschi Tzal* die Einteilung in Lektionen entworfen.

Möge es glücksverheißend sein. Mögen die Lehren der Praxislinie sich weit verbreiten und mögen sie zum Ornament werden, durch welches alle Wesen im Universum den Glanz von Glück und Tugend erleben.

Dies war die achtundneunzigste Lektion.
(Dieser Text) enthält 40 Übungen. Im Dritten Teil werden (die Lektionen), je nach Situation, zu Übungen; sie werden dann praktiziert, wenn es notwendig ist. Wisse, daß die Übungen zu praktizieren und die Lektionen zu begreifen sind.

* * *

Weisheitsschützer *Bernagpo-tschen* mit Gefährtin und Gefolge, hütet diese Dharmalehren! Wenn respektlose und ungeeignete Menschen sowie solche, die bloß Buchstabenwissen hervorbringen und durch spirituelle Hochstapelei* sich selbst und andere betrügen, (diese Lehren) sehen und verbreiten, dann lasse harte Bestrafung sie treffen.

Unterstütze diejenigen, die (diese Lehren) achten und korrekt praktizieren, so daß ihre Erfahrungen und Erkenntnisse durch bloßes Lesen ständig zunehmen; hilf ihnen, in einem einzigen Leben und einem Körper, Vajradhara zu verwirklichen und gewähre ihnen Siddhis.

In anderen Unterweisungs-Manualen finden sich nur Übungen und theoretische Erklärungen, während Fragen und detaillierte

* Lüge der spirituellen Hochstapelei (*mi chos bla ma'i brdzun*): «Gegenüber einem Menschen, der sprechen und den Sinn begreifen kann, in der Absicht ihn zu betrügen, lügnerisch zu behaupten, überlegene spirituelle Qualitäten wie z. B. Hellsichtigkeit und Wunderkräfte zu besitzen, die man gar nicht hat, was letztendlich von den anderen als Lügnerei entlarvt wird» (BöGja).

Aufklärungen mündlich erworben und getrennt aufgeschrieben werden. Hier jedoch sind alle diese (Aspekte) in ein und demselben Text so klar erklärt, daß auch wenig Intelligente ihn lesen können.

Wer von einem Lama die mündliche Textübertragung (*lung*) erhalten hat und aufrichtig praktiziert und dies in Übereinstimmung mit der Erklärung der Praxis in diesem Manual tut, der wird hierdurch sein Ziel erreichen und Erfahrungen und Erkenntnisse hervorbringen – dies ist ganz sicher. Wer keine persönliche innere Erfahrung hat, sondern aufgrund der Klarheit dieses Manuals nur ein trockenes, theoretisches Wissen hervorbringt und dies für ausreichend hält, der begeht die Lüge der spirituellen Hochstapelei. Dies ist glatter Selbstbetrug und zu verwerfen.

Dharmaschützer *Bernatschen,* hüte diese Dharmalehren! Wenn solche, die ihnen schaden, die meine Linie nicht besitzen, die ohne Vajra-Gelübde sind und die eine falsche Sichtweise haben, (diese Lehren) sehen und verbreiten, bestrafe sie!

Beschütze all diejenigen, die Freude an diesen Lehren haben und geeignete Gefäße sind, die höchsten Respekt dafür haben und sie einsgerichtet in die Praxis umsetzen; hilf ihnen, Hindernisse in der Dharmapraxis aufzulösen und die höchste sowie gewöhnliche Verwirklichungen in diesem jetzigen Leben zu erlangen!

Dharmaschützer Dordsche Berna-tschen